SAGESSE ANIMALE

DU MÊME AUTEUR

Jungle doctor, histoires extraordinaires d'un vétérinaire de faune sauvage, Larousse, 2016

Norin Chai
avec la collaboration de Roland Portiche

SAGESSE ANIMALE

Comment les animaux peuvent nous rendre plus humains

Stock

Couverture Le Petit Atelier
Photo : © Philippe Matsas

ISBN : 978-2234-08496-4

Pour Florian et Aurélien

Avant-propos

Un vétérinaire en quête de sagesse

Il y a les choses et il y a ce qui les anime. On peut rester à la surface des choses, les prendre comme elles se donnent. Moi, depuis toujours, c'est le contraire. Derrière les choses, je vois souvent une leçon de vie, bonne ou mauvaise. On peut l'appeler un enseignement philosophique ou une morale, je préfère ce mot de « sagesse ». Je le trouve plus simple, moins affecté, plus amical.

Je suis vétérinaire. Comme beaucoup d'autres praticiens, j'ai été formé à l'École nationale vétérinaire d'Alfort, l'ENVA. Je me suis spécialisé dans la faune sauvage parce que ce travail me permet de garder le contact avec des espèces libres, au moins partiellement, de toute influence humaine. Après avoir obtenu mon diplôme, j'ai exercé mes fonctions dans plusieurs parcs zoologiques dont celui de la Haute-Touche, dans l'Indre, qui appartient au Muséum d'histoire naturelle. Puis j'ai intégré la Ménagerie, le zoo du Jardin des Plantes, à Paris, où je suis à présent vétérinaire en chef.

Mon travail consiste à soigner les animaux. Mais on ne prend pas soin d'un léopard, d'un chimpanzé ou d'un tapir comme on répare une mécanique. Pour moi, ce sont tous des « patients ». Des sujets, pas des objets. Quand je les traite, je guide mes gestes en fonction de ce que je comprends d'eux. Même – et peut-être surtout – quand ils souffrent, les animaux nous renvoient leur point de vue sur le monde, ce que j'appelle ici leur « sagesse ». Avec les années, je crois que je l'ai mieux comprise. Je pense même que nous pourrions gagner à nous en inspirer, à la croiser avec la nôtre. C'est pourquoi j'ai écrit ce livre.

Né au Cambodge, peu avant la tempête

Je suis né au Cambodge, il y a 47 ans. À l'âge de quatre ans, à l'aube du génocide de mon peuple, j'ai dû quitter mon pays pour gagner celui de l'Égalité, de la Liberté et de la Fraternité. Il a fallu à mes parents beaucoup de courage et de ténacité pour recommencer leur vie et assurer l'éducation de leurs trois enfants. Après de bonnes études, je suis devenu vétérinaire et je me suis même fait un nom dans ce milieu. J'ai même eu la chance d'être le personnage central d'une série télévisée, *l'Arche de Norin,*[1] qui m'a suivi dans quelques-unes de mes missions autour du monde. À l'occasion du dernier épisode de la série, je suis revenu sur la terre de mes ancêtres. Le temps avait passé, les générations aussi.

1. *L'Arche de Norin*, une série documentaire diffusée sur France 2.

Celle d'aujourd'hui a gardé peu de points communs avec la mienne, mais nous partageons un même but : reconstruire. Et, en reconstruisant, se reconstruire.

Au cours d'une conférence qui s'est tenue en 2013, à l'occasion de la journée mondiale des vétérinaires, une phrase d'un intervenant m'est restée en tête : « Si le médecin soigne l'homme, le vétérinaire soigne l'humanité. » C'est bien ainsi que je comprends mon métier, moi qui ai eu la chance d'échapper, avec ma famille, à la fureur des tortionnaires. L'humanité n'est pas seulement l'affaire des humains, c'est aussi celle de tous les êtres sensibles, les animaux comme les hommes. J'ai même la conviction que les animaux permettront un jour aux hommes de trouver leur pleine humanité, de refaire un tout avec les pièces du vivant que l'histoire a dispersées. Reconstruire, comme au Cambodge. C'est aussi le sujet de ce livre.

L'unité du vivant

Quand j'ai entrepris mes études, j'ai choisi d'être à la fois un vétérinaire de zoo et un vétérinaire « faune sauvage ». Le vétérinaire de zoo soigne des animaux sauvages au sein d'un parc zoologique. C'est une activité dite *ex situ*, qui se réalise en dehors des lieux où ces animaux vivent normalement. Le vétérinaire faune sauvage travaille, lui, *in situ*, en milieu naturel.

Au-delà des soins que je prodigue, ce qui s'ouvre à moi, chaque fois que je m'occupe d'un animal malade, est un monde d'amour. Je pourrais dire de « solidarité », de « communion », de « fraternité », c'est pourtant ce mot « amour » qui me paraît le plus approprié, même s'il semble usé jusqu'à la corde. C'est un sentiment que j'aimerais partager tout au long de ces lignes : les animaux, spécialement les animaux en détresse, nous rappellent que tous les êtres vivants sont reliés par un même fil. Quoi d'étonnant ? Nous avons une même origine. Pour les astrophysiciens, les atomes lourds dont nous sommes faits sont issus de la poussière des étoiles, dispersée dans l'étendue du cosmos. Pour les biologistes, nous sommes issus d'un ancêtre commun, un micro-organisme apparu au fond des mers, il y a plus de 3,4 milliards d'années.

Comment caractériser ce lien entre les êtres vivants ? Les religions monothéistes ramènent tout à un dieu créateur. Moi, je suis bouddhiste. Je suis longtemps resté discret sur la spiritualité qui m'anime, mais aujourd'hui, à 47 ans, j'estime que je peux laisser parler mon cœur. Le bouddhisme privilégie l'unité de la vie. Peu importe comment le cosmos a commencé, l'important est de respecter son harmonie. Je le dis souvent à mes étudiants : pensez à votre corps, imaginez votre cœur en train de battre, vos poumons captant les molécules d'oxygène de l'air pour nourrir vos cellules, vos reins filtrant les fluides de votre organisme, votre foie vous débarrassant des déchets toxiques, votre rate toujours sur le qui-vive, vos intestins assimilant les aliments, votre cerveau qui pense à ce que je viens de dire. Tout ce petit monde fait partie d'une même entité, qu'on appelle le corps. Et ces organes descendent d'une seule et unique cellule qui n'a cessé de se diviser pour en faire des milliards de milliards de milliards de milliards, qui sont vous et moi. Cette totalité harmonieuse, qui relie ses parties dispersées, c'est ce que j'appelle l'amour.

Naissance d'une vocation

Amour et souffrance. Car les animaux m'ont aussi ouvert les yeux sur la souffrance. Comme l'amour, elle est commune à tous les êtres sensibles. Quand Siddharta Gautama (le Bouddha) découvre son étendue, il renonce définitivement à sa vie de prince et de père de famille pour chercher le salut en ascète errant. Il ne se permet aucun repos tant qu'il n'a pas élucidé les causes du mal qui ronge les hommes. À ma manière, très modeste, je m'inspire de son exemple. En soignant les animaux, j'ai le sentiment de mener le même combat contre la souffrance universelle.

Parfois, la détresse d'un animal me ramène à Phnom Penh, là où je suis né. C'était au début des années soixante-dix, dans une grande et belle maison. Je n'ai que très peu de souvenirs de ces années d'enfance, juste des bribes, comme des « flashs » de cinéma. J'aimais courir dans ces vastes pièces, me cacher sous le piano du salon, savourer dans la cour les pluies chaudes de la mousson.

Un jour, en revenant d'un voyage, mon grand-père m'a offert un ours en peluche. Je l'ai appelé Yaboumba. C'était mon premier contact avec un animal. Pour moi, évidemment, il était vivant. D'une certaine manière, Yaboumba m'a conduit aux animaux, aux vrais. Ce fut une découverte. Plus que de la passion ou de la curiosité, j'ai senti que j'avais avec eux une véritable complicité. Mieux, une connivence. Je partageais leurs joies et leurs peines, comme s'il s'agissait des miennes. Ma mère me disait : « Tu n'aimes pas seulement les animaux, c'est bien plus que cela. » Elle a utilisé un terme cambodgien qui n'existe pas en français, « anheut ». Ce mot évoque à la fois l'empathie, l'amour, la sympathie et la pitié. À tout prendre, « compassion » serait la traduction la plus adaptée.

Il faut dire que l'époque prêtait à la compassion. Mon enfance fut marquée par une tragédie, le génocide perpétré par les Khmers rouges. Sans bien comprendre ce qui se passait autour de moi, j'ai senti au plus vif la souffrance des hommes. Elle était si intense qu'elle me semblait incurable. La souffrance des animaux m'était aussi insupportable, mais elle me semblait plus facile à traiter car j'avais un allié de taille, Yaboumba. Solennel, je lui ai juré de sauver tous les animaux de la barbarie humaine. Yaboumba m'opposait son mutisme d'ours en peluche, mais je savais qu'il me comprenait, puisqu'il savait tout. Au cours de ces échanges, nos élans du cœur, quoique silencieux, allaient avec un calme, une douceur, une lucidité sereine qu'on pourrait bien appeler de la sagesse.

À l'époque, je ne savais pas qu'il existait un métier, celui de vétérinaire, dont le but était de guérir la détresse des animaux. Sans vraiment le savoir, j'ai donc décidé à quatre ans de devenir vétérinaire pour délivrer mes amis animaux de leurs souffrances. Et peut-être pour soigner, à travers eux, toutes les peines humaines. C'était bien ce que je voulais, quand je voyais mon pays en feu : en finir avec la souffrance.

Un pas dans la philosophie

Les questions que je me posais alors se sont précisées en terminale, quand il m'a fallu m'initier à la philosophie occidentale. J'ai appris alors que les sages occidentaux, comme ceux d'Orient, avaient un même but : en finir avec les tourments et les peines qui taraudent les humains. Telle était, il y a vingt-cinq siècles, la vocation de ces vétérinaires de l'âme humaine qu'on appelait les philosophes. Dans leur belle cité d'Athènes, ils avaient fondé des écoles qui avaient la prétention d'enseigner les recettes de la sagesse. Les épicuriens l'identifiaient au plaisir, les stoïciens à l'impassibilité devant les assauts du destin, les platoniciens la cherchaient dans le ciel des Idées, chacun développait sa conception du bonheur et l'enseignait à ses disciples. Mais comment auraient-ils réagi, ces doctes personnages, si un nouveau venu, vêtu d'une toge en peau de brebis, s'était mis en tête de fonder une école où l'on enseignerait... la sagesse des animaux ? Ils se seraient moqués de lui. Les Grecs, comme la plupart des peuples de l'Antiquité, considéraient que les animaux, dépourvus de l'étincelle quasi divine du *logos*, étaient dévolus aux besoins des hommes. Chassés, mangés, offerts en sacrifice dans les temples, fidèles compagnons comme l'Argos d'Ulysse ou le Bucéphale d'Alexandre. Mais en faire des professeurs de sagesse ? Et pourquoi pas des philosophes ? Quelle étrange idée !

Est-ce un préjugé propre à la partie occidentale de la planète ? Dans le bouddhisme, on regarde et on traite les animaux avec plus de respect. Ce ne sont pas ces êtres rampants et mal dégrossis de la Genèse biblique, faits pour servir et obéir. Ce ne sont pas non plus les tristement célèbres animaux-machines de Descartes, qui avait l'audace d'écrire : « Les animaux ne sont que de simples machines, des automates. Ils ne ressentent ni plaisir, ni douleur, ni quoi que ce soit d'autre. Bien qu'ils puissent pousser des cris quand on les coupe avec un couteau, ou se contorsionner dans leurs efforts pour échapper au contact d'un fer chaud, cela ne signifie pas qu'ils ressentent de la douleur dans ces situations. Ils sont gouvernés par les mêmes principes qu'une horloge[1]. » Tristes paroles !

De l'intelligence animale à la sagesse des animaux

Grâce aux travaux des chercheurs qui explorent, depuis un siècle, l'infinie richesse de la vie animale, nous avons surmonté ces partis pris hérités du passé. Cela va plus loin qu'un simple progrès des connaissances, c'est une inflexion majeure de notre civilisation. Elle nous amène à reconsidérer notre relation avec les dizaines de milliards d'êtres vivants qui partagent la planète avec nous. Nous leur reconnaissons à présent une sensibilité, des formes d'intelligence, voire des « visions du monde », qui méritent d'être découvertes et respectées. Cela nous donne des devoirs envers eux, à commencer par le premier, qui nous impose de ne plus les faire

1. La citation est extraite du *Plaidoyer pour les animaux* de Matthieu Ricard et Fabrice Midal, Pocket, 2015.

souffrir inutilement. Cela nous oblige aussi – puisque je suis vétérinaire – à tout faire pour les soigner.

Peut-on aller plus loin ? En faire en quelque sorte des « maîtres de sagesse » ? On a beaucoup mis l'accent, depuis plusieurs dizaines d'années, sur l'intelligence des animaux. Mais la sagesse, c'est autre chose. Elle concerne leur manière d'être au monde, de vivre en harmonie avec soi et les autres. Le plus remarquable, comme je le montrerai dans ce livre, c'est que l'animal ne cherche pas la sagesse, il la pratique naturellement. D'emblée, il trouve le bon équilibre avec son milieu.

C'est cela qui m'intéresse, cette dimension spontanée de la sagesse animale. J'irai même plus loin. Pourrions-nous profiter, pour notre propre nourriture spirituelle, des enseignements que les animaux nous offrent par leur manière de se comporter, de pratiquer leur art de vivre, de coexister ? Personne, à ma connaissance, n'a vraiment abordé le sujet. Ayons donc l'audace d'être les premiers dans ce beau pays de France où il a quand même fallu attendre le 28 janvier 2015 pour que notre Parlement considère les animaux comme des « êtres vivants doués de sensibilité » !

I
LA MORALE DES ANIMAUX

1

Ils nous ouvrent grande la porte des émotions

Tengah le tapir est arrivé à la Ménagerie du Jardin des Plantes à l'âge d'un an et un mois. Les tapirs sont des mammifères massifs (ils ressemblent un peu aux sangliers), apparus sur Terre il y a au moins vingt millions d'années. Leur nez est caractéristique : il se prolonge en une longue trompe flexible, très sensible aux odeurs. Ce sont des animaux principalement herbivores, mais qui se nourrissent aussi de termites, de fourmis, de larves.

Le miroir de Tengah

En août 2016, lors d'un examen, je remarque chez Tengah une masse assez volumineuse en haut de la cuisse. Les masses indurées de ce type sont inquiétantes, il faut prévoir une opération. Comme je devais partir en mission, je ne voulais pas le faire à la va-vite. On décide tout de même de l'opérer avant mon départ. Je prévois une intervention assez lourde, car il n'est pas simple d'anesthésier et d'opérer un tapir. Pourtant, trois jours avant l'opération, je préfère reporter l'intervention et attendre mon retour de mission. Dans mon esprit, les raisons étaient confuses. Peut-être ne me sentais-je pas prêt ? Peut-être n'avais-je pas, à ce moment là, l'esprit assez libre ? Je n'en sais trop rien. J'ai vite pris ma décision. C'était le soir. Je suis entré dans la cage de Tengah et je lui ai « dit », sur un ton désolé, que je n'allais pas l'opérer. Vous le croirez ou non, il est devenu comme fou ! Il sifflait, il se cognait contre les murs. Je ne l'avais jamais vu comme ça. J'étais stupéfait. Que s'était-il passé ?

En milieu sauvage, les tapirs sont d'un naturel plutôt solitaire. En captivité, leur comportement est imprévisible. Certains se montrent très agressifs, d'autres sont plus calmes et acceptent les contacts physiques. Mais il faut se méfier. Une attaque de tapir se traduit souvent par des morsures sérieuses et, parfois, la perte de doigts et de jambes. En gestion d'élevage, grâce au *medical training*[1], il est assez facile d'accoutumer les tapirs à accepter un examen corporel, des prélèvements sanguins ou des injections. Les tapirs sont particulièrement sensibles aux caresses. Ils répondent bien lorsqu'on leur gratte le dos, à tel point qu'ils s'immobilisent et se couchent. Nous réalisons alors un examen clinique assez complet. Nous pouvons même procéder à des échographies ou faire des clichés radiographiques (nous avons un appareil

1. Il s'agit d'une méthode de soins qui requiert la coopération de l'animal. Voir page 35.

portable). Nous ne passons pas par un cadeau alimentaire, la récompense est bel et bien le grattage. Il l'apprécie tellement qu'il finit par s'endormir. Dès l'arrivée de Tengah, nous avions donc mis en place ce contact physique en mode protégé. Pas de contact direct, mais un contact à travers la grille. Il répondait bien et se couchait assez vite. Compte tenu du caractère imprévisible et de la dangerosité de l'animal, j'ai décidé que je serais le seul à entrer en contact direct avec lui. D'autres vétérinaires pouvaient entrer, mais seulement en ma présence. Tous les jours, chaque fois que j'étais présent au zoo, j'allais faire son training. Il se couchait dès mon arrivée et je pouvais faire ce que je voulais. Je n'ai pas tenté les injections, car Tengah est très douillet. Peu à peu, une véritable relation de confiance s'est installée. Elle est même devenue un peu trop exclusive. Il ne supportait pas la présence d'un autre que moi dans sa loge. Pour corriger son comportement, j'ai pu l'amener à accepter la présence de tiers. Il attendait notre visite couché, mais à l'approche de certains soigneurs, il se levait aussitôt. Son extrême sensibilité lui permettait d'identifier les gens bien avant le contact physique. On retrouve cette sensibilité chez le cheval, un de ses plus proches parents. Ceux qui pratiquent l'équitation savent à quel point un cheval vous parle et vous écoute. Il peut même percevoir votre rythme cardiaque, vos émotions. Tous les jours, donc, je « parlais » avec Tengah. Notre communication passait principalement par le canal des affects. Lorsque j'étais contrarié, il ne restait pas longtemps couché. À la veille d'une longue absence, quand je partais en mission par exemple, les au revoir étaient plus longs. Nous en sommes venus au point où nous avons vraiment installé un dialogue. Je n'ai pas réussi à le rendre tolérant à cent pour cent, il restait certains soigneurs qu'il n'acceptait pas. Certains jours, même, il n'acceptait personne. Dans ce cas, je n'insistais pas. C'est alors que s'est produit l'incident dont j'ai parlé au début. À la réflexion, j'ai mieux compris ce qui est arrivé. Quand je lui ai dit que je préférais reculer son opération, Tengah m'a fait comprendre qu'il n'était pas d'accord. Et même que je l'avais profondément déçu ! C'est ainsi que j'ai interprété son comportement. Il n'avait évidemment pas compris mes mots, mais il avait « senti » mon ton, mon comportement, mes émotions. Je lui dis alors : « O.K. mon vieux, je t'opérerai comme prévu. » Et il se calme lui aussi. Aussi simple que cela. Cet incident m'a profondément bouleversé. Je ne cherche à convaincre personne de la justesse de mon interprétation, j'ai vraiment le sentiment que Tengah, ce soir-là, m'a mis en face de moi-même, de mes doutes et de mes craintes. Je pourrais presque dire que c'est lui qui m'a rassuré ! L'opération s'est déroulée comme prévu le lendemain. Tout s'est bien passé.

Tengah exigeait beaucoup de moi. De l'assurance, mais aussi de la sincérité. Un jour, j'ai fait entrer dans son enclos une équipe de LCI pour un tournage en direct. Il n'était pas très content de voir cette caméra, mais il s'est laissé faire. Il s'est couché et nous avons pu pratiquer quelques soins. J'étais focalisé sur lui et non sur le cadreur. Celui-ci s'est alors approché un peu trop près, au-delà de la limite que j'avais autorisée. Il s'est fait gentiment bousculer. J'ai alors demandé que tout le monde sorte. Je suis resté avec Tengah et je me suis excusé de l'avoir dérangé. Je l'ai également remercié pour sa tolérance. Puis j'ai dû m'absenter trois semaines. J'en étais désolé. Il l'a bien senti et me l'a fait comprendre. À mon retour, l'équipe de télévision a voulu filmer mes retrouvailles avec Tengah. J'ai accepté, à condition qu'ils enregistrent la scène de loin. Lorsque je suis entré dans l'enclos, Tengah est venu vers moi en courant et en vocalisant fortement. J'ai pris cela pour un geste de bienvenue. Moi aussi, j'étais heureux de le revoir. Je lui ai demandé de se coucher et je l'ai averti qu'une équipe allait venir le filmer. Il ne s'est pas couché. Je le sentais agacé, énervé, très excité. Il se relevait au moindre bruit, courait et revenait vers moi, comme s'il ne savait pas comment se comporter. Moi non plus d'ailleurs. J'étais pris au dépourvu. Je me suis souvenu de ma promesse : plus de caméra dans son enclos. Je n'avais pas tenu parole, voilà ce qui l'énervait. Vous ne pouvez pas savoir à quel point je m'en suis voulu. Je tiens toujours mes promesses. J'en fais très peu, mais lorsque j'en fais une, je la tiens. Le soir, je suis allé le retrouver pour m'excuser de nouveau. Je l'ai caressé et il s'est couché immédiatement. Il s'est même endormi, comme pour signifier qu'il me pardonnait. Encore une fois, j'ai interprété à ma manière cette relation de plusieurs mois avec Tengah le tapir. Je n'en ferais pas une publication scientifique, mais j'ai la conviction que nos relations étaient fondées sur un échange continu d'affects et d'émotions, un langage qui nous est commun. On peut communiquer avec un tapir. Il peut exprimer de la joie, de la peur, de la jalousie, de la déception. Il peut surtout, à sa manière, nous enseigner une forme de sagesse. La sienne tenait en peu de chose : tu dois respecter ta parole, tenir tes promesses, être sincère. L'animal, quand il nous regarde, nous tend un miroir.

L'émotion est le langage universel des animaux

Il a fallu du temps, beaucoup de temps, pour comprendre que les animaux ont une vie émotionnelle variée, riche et complexe. Aujourd'hui, la cause semble entendue. On peut lire des articles très documentés sur le sujet dans des revues aussi prestigieuses que *Science*, *Nature*, *Proceedings of the National Academy of Science*.

Charles Darwin fut le premier à étudier les émotions animales d'une manière rigoureuse. Dans son livre *The Expression of the Emotions in Man and Animals*[1], il montre que les mammifères éprouvent, à des degrés différents, « l'angoisse, le chagrin, l'abattement, la haine, la colère, le dédain, le mépris, le dégoût, le remords, l'orgueil, la puissance, la patience, la surprise, l'étonnement, la peur, l'aversion, la honte, la timidité et la modestie ». Au total, Darwin identifie six émotions universelles : la colère, le contentement, la tristesse, le dégoût, la peur et la surprise. D'autres chercheurs ajouteront la jalousie, le mépris, la honte, l'embarras, la culpabilité, la fierté, l'envie, l'admiration et l'indignation. On parlera, pour ces dernières, d'émotions sociales venant compléter les six émotions universelles de Darwin.

Il faut garder à l'esprit, pourtant, que chaque espèce animale évolue dans son propre monde. Peut-être les animaux éprouvent-ils des émotions que nous, humains, ne comprendrons jamais. Et vice versa. À chacun son *umwelt !* C'est ainsi qu'un des pères de l'éthologie moderne, le biologiste Jakob von Uexküll, baptisa

1. Traduit aux éditions Rivages sous le titre : *L'Expression des émotions chez l'homme et les animaux*.

l'univers propre à chaque espèce vivante, compte tenu de ses capacités sensorielles. L'umwelt de la tique n'est pas celui d'une abeille, qui n'est pas celui d'un termite. Même si nous pouvons décrypter certains comportements comme l'expression de la joie ou celle de la tristesse, ce ne seront jamais que des approximations. Malgré cela, je pense que nous pouvons parler d'« émotions » chez les animaux. Nous partageons avec eux les mêmes réponses physiologiques à des stimuli externes ou internes. En médecine vétérinaire, par exemple, on traite la dépression chez le chien, le chat ou d'autres animaux sauvages en captivité avec des produits antidépresseurs comme le Prozac. On utilise des neuroleptiques destinés à l'homme pour diminuer les tensions sociales et les stress chroniques. Cela prouve bien que nous avons en commun quelques solides bases neurales.

Personnellement, je n'ai jamais tracé de ligne de partage entre l'homme et l'animal, j'estime que tout est affaire de degré. Mais si je devais le faire, je dirais que l'intelligence émotionnelle (dont les psychologues modernes découvrent aujourd'hui toutes les vertus[1]) est peut-être la vraie différence qui sépare l'animal de son cousin humain. Ce n'est pas une distinction de nature puisque l'homme, comme l'animal, dispose de cette faculté. C'est tout simplement que l'homme a mis depuis longtemps ses émotions dans sa poche et qu'il ne va pas souvent fouiller dedans ! En termes plus anthropologiques, le refoulement des émotions est sans doute la conséquence

1. Voir les livres de Daniel Goleman sur l'intelligence émotionnelle, J'ai lu ; ou le livre célèbre d'Antonio Damasio, *L'Erreur de Descartes*, Odile Jacob, 1995.

d'un accident de l'histoire, survenu il y a deux millions d'années. En accédant au langage articulé grâce à une mutation fortuite qui a « descendu » leur larynx dans leur pharynx, nos très lointains ancêtres se sont engagés sur une autre route, celle du langage. Progressivement, ils ont délaissé la communication émotionnelle au profit de la pensée abstraite et conceptuelle, une nouveauté qui leur semblait plus efficace pour dominer leur milieu.

Pourtant, l'acte le plus simple de la communication humaine, une conversation entre deux personnes, montre bien que les interlocuteurs n'échangent pas que des mots. Des études ont établi que vingt pour cent seulement de l'information communiquée proviennent de la parole. Le reste vient d'ailleurs : le ton de la voix, l'attitude de l'interlocuteur, sa façon de parler, son odeur, son regard, le sens de ses phrases que j'interprète en fonction des émotions qu'elles font résonner en moi, etc. Une information – comme le rêve selon Freud – est faite de plusieurs couches : il y a la couche manifeste, la plus superficielle. Et la couche latente, la plus profonde, enfouie au cœur de notre esprit, voire de notre inconscient. Si nous l'avons oublié, l'animal, lui, nous le rappelle toujours. C'est la raison pour laquelle j'estime que partager, comme je le fais, la vie émotionnelle des animaux m'offre un double bénéfice : celui de mieux comprendre ceux dont j'ai la charge, celui aussi de me reconnecter avec une dimension essentielle de ma propre vie, que mon éducation d'adulte a forcément un peu gommée.

Les émotions négatives

D'ailleurs, dans un parc zoologique, on évalue le bien-être des animaux en prenant en compte deux paramètres : leur état de santé physique *et* leur état émotionnel.

Pour la santé physique, le diagnostic est aisé. On constate l'absence de maladie et on organise, si c'est nécessaire, l'accès à une alimentation mieux équilibrée, à un meilleur confort physique et thermique.

L'état émotionnel, lui, implique une absence d'émotions « négatives » et la présence d'émotions « positives ». Je conviens que cela peut paraître vague. C'est que le sujet est neuf et les publications scientifiques sur les états émotionnels des animaux sont encore loin de faire l'unanimité chez les chercheurs.

Les états négatifs sont les plus évidents. On cite généralement la peur, le stress, la détresse. Et pour certains animaux (les primates, les éléphants, les baleines et les dauphins notamment), la souffrance. On peut y inclure aussi l'ennui. Pour les animaux captifs, c'est un paramètre important. Même si le parallèle avec l'ennui humain est discutable, il est clair que beaucoup d'animaux, dans les zoos, cherchent activement de nouveaux stimuli. Le mal-être devient évident quand les conditions de détention sont mauvaises et qu'apparaissent des comportements atypiques.

Le stress est une donnée fondamentale pour qui s'intéresse à la vie émotionnelle des animaux. On pourrait le définir comme une réponse de l'animal à un événement susceptible d'entraver sa survie ou son homéostasie, c'est-à-dire son équilibre physiologique. Le stress n'est pas à proprement parler un phénomène pathologique, il est même bénéfique et nécessaire à l'animal pour son adaptation et sa survie dans un milieu en perpétuel changement. Les phases d'un stress sont bien connues. La phase d'alarme tout d'abord, puis la résistance et la phase d'épuisement, cette dernière n'étant pas forcément atteinte. Mais lorsqu'elle l'est, la situation devient délicate car les réponses au stress excèdent les capacités adaptatives du corps. Dans ce cas, elles sont négatives pour la santé de l'animal. Pour aller au pire, un animal peut être frappé de mort subite à cause du stress provoqué par sa capture ou par un confinement. On observe ces cas extrêmes chez les oiseaux et les petites antilopes. On parle, dans notre jargon, d'animaux « très stressables ». Mais le stress peut aussi être chronique, dû par exemple à un environnement inhabituel, à un surpeuplement, à des bouleversements hiérarchiques, à des changements de rythmes biologiques ou à une absence de contact social.

La renaissance de Bona

En septembre 2012, par exemple, j'ai visité un camp d'éléphants domestiques à Sumatra. Je suis accompagné par la vétérinaire du centre, Erni, une consœur visiblement dévouée à son métier. Elle me présente à Bona, une jeune éléphante orpheline de quelques mois.

Bona est la seule survivante d'une famille massacrée par des braconniers. Elle est vivante, mais elle ne va pas bien. Après des soins d'urgence et des traitements généraux, elle est restée maigre, voire cachectique. À l'examen clinique, elle montre des lésions dermiques et un léger œdème déclive. Pour le reste, elle semble assez vive et présente des comportements locomoteurs et alimentaires normaux.

Le vrai mal de Bona, c'est le stress, celui de ne pas vivre une vie d'éléphante de son âge. Avec les grands singes, les corvidés et les cétacés, les éléphants sont considérés comme les animaux les plus intelligents. Ils peuvent éprouver de l'empathie, possèdent un système social matriarcal bien codifié et semblent même disposer d'une conscience de soi (on y reviendra).

Les jeunes éléphants adorent jouer. Chez eux, c'est plus qu'un plaisir, c'est une nécessité, quasiment un rite. Mais Bona reste en retrait. Il y a une raison à ça. Quand elle fut recueillie, elle était si faible que les responsables ont préféré la protéger des jeunes mâles présents dans le camp. Du coup, avec les meilleures intentions du monde, ils l'ont coupée de tout contact social. Contrairement aux autres éléphanteaux, qui aiment patauger dans la boue et dans l'eau, Bona ne va pas se baigner. Elle a peur de l'eau et reste isolée… dans un camp de dix-neuf éléphants !

Je pense qu'il faut rapidement lui trouver une mère adoptive, mais c'est plus facile à dire qu'à faire. La malheureuse Bona est terrorisée quand un éléphant adulte s'approche d'elle. Au bout de quelques jours, un cornac nous signale une adulte qui pourrait convenir. Elle est patiente et adore jouer les mamans. Allons-y. Plusieurs approches sont nécessaires, mais Bona accepte finalement de la suivre. J'assiste avec une réelle admiration aux efforts de cette femelle éléphant qui cherche à venir en aide à la petite Bona. Elle se comporte comme le ferait un éducateur de quartier avec des jeunes en difficulté. Elle lui enseigne, parmi bien d'autres choses, à ne plus avoir peur de l'eau. Enfin, après plusieurs semaines, Bona s'immerge d'elle-même dans la rivière jusqu'aux oreilles.

Deux ans après, j'apprendrai qu'elle a enfin trouvé sa place dans le troupeau. Le facteur stressant, pour Bona, était l'isolement.

Les conséquences du stress

Dans le cas de Bona, le problème a été rapidement identifié et traité. Hélas, ce n'est pas toujours le cas. Parfois, le mal-être de l'animal induit des comportements anormaux comme la stéréotypie (des « tics », des comportements automatiques) ou l'automutilation, une baisse d'immunité, de l'anorexie, un état dépressif, etc. Et, dans les cas graves, la mort.

En parc zoologique, nous essayons de protéger les animaux des traumatismes et des détresses qu'il est possible d'identifier. Mais toutes les espèces ne répondent pas de manière équivalente, même au sein de groupes très proches. Les lémurs cattas, par exemple, sont des primates qui ressemblent à des petits singes et sont originaires de Madagascar. En général, ils s'adaptent très bien à leur vie de captifs. En revanche l'indri, un des plus grands lémurs, supporte très mal la captivité. Certaines espèces exigent un régime alimentaire spécial ou la présence d'éléments particuliers dans leur environnement. Si vous proposez une coupelle d'eau à un caméléon, ne vous attendez pas à ce qu'il vienne boire dedans. Pour qu'il le fasse, il faudra vaporiser le décor de votre terrarium ou installer un système de goutte à goutte. Et si vous avez des oryx d'Arabie, ne mettez pas votre foin dans un râtelier classique, cela provoquera chez eux un phénomène de météorisation, c'est-à-dire une production de gaz dans le ventre qui peut être fatale si elle comprime les poumons. Pour l'éviter, vous devez disposer une partie de leur foin au sol. Les mouvements de leur cou participent en effet au bon fonctionnement de leur système digestif. Enfin, si vous n'attribuez pas à une tortue un espace de terre où elle pourra creuser, elle ne pondra pas. Elle mourra alors de la rétention de ses œufs dans son ventre. Ces quelques exemples simples sont les premiers qui me viennent à l'esprit, il y a autant de cas spéciaux que d'espèces différentes !

Prendre soin des animaux en captivité implique aussi de ne pas projeter sur eux nos besoins psychologiques (par exemple le besoin d'affection), voire nos propres névroses. L'animal n'a pas besoin d'être aimé, il a besoin d'être respecté. Il faut comprendre ce qu'il veut, non ce que nous pensons qu'il veut. Je considère ce principe comme un des fondements de mon métier. Il excède d'ailleurs le cas des animaux. Si nous en faisions autant avec nos amis ou nos proches, nos relations seraient bien meilleures. « Aimer » l'autre peut prêter à des malentendus. Le respecter, c'est prendre en compte son état émotionnel et agir en conséquence.

La manipulation des émotions

Bien sûr, il est toujours possible de manipuler les émotions des animaux. L'homme ne s'en est pas privé. Le dressage, depuis toujours, a très habilement joué cette carte. Le plus souvent, il est basé sur la punition, la peur, la privation de nourriture, les entraves et la souffrance. Pierre Hachet-Souplet écrit à la fin du XIXe siècle : « La soumission des éléphants nécessite une coercition sévère. On n'obtient cette soumission qu'en leur inspirant une certaine crainte[1]. » Batty, le célèbre dompteur de lions, était le spécialiste du « domptage par férocité ». En Asie, la plupart des éléphants sont utilisés à des travaux agricoles ou à des activités touristiques. Même quand ils se contentent de promener les touristes, on découvre souvent qu'ils ont les oreilles coupées ou des ulcères aux yeux. Ce sont les séquelles des frappes de cornacs. Il fut un temps, notamment au Laos et au Cambodge, où le jeune cornac était élevé avec son éléphant. Aujourd'hui, être cornac est un métier comme un autre. Les punitions et les frustrations sont devenues banales pour l'éducation de ces magnifiques animaux.

À côté de l'approche dure, il y a l'approche douce. Gustave Loisel, dans son *Histoire des ménageries de l'Antiquité à nos jours,* évoque la figure d'une célébrité (mi-philosophe, mi-prestidigitateur) de l'antiquité romaine, Apollonius de Tyane. Lors d'un voyage en Inde, il fut surpris de découvrir dans les jardins des félins en liberté. On lui répondit qu'« il ne fallait pas les traiter à coups de bâton, car en les battant on les rendait trop farouches et irritables ; on ne devait pas non plus les flatter, ni trop les amadouer car ils devenaient ainsi plus fiers et plus félins ; mais seulement user avec eux d'une paisible amabilité, de caresses entremêlées de menaces ». Un dresseur comme Rolf Knie était conscient que « dans

1. Pierre Hachet-Souplet, *Le Dressage des animaux*, Firmin-Didot, 1897.

tout dressage, il doit d'abord se créer une relation de confiance entre l'animal et l'homme. Le dresseur doit se faire obéir par un colosse avec lequel on ne peut établir qu'un contact visuel ou sonore, la dominance physique n'étant pas envisageable ». Mais redisons-le, qu'il soit sévère ou doux, le dressage repose toujours sur une manipulation des émotions des animaux.

Medical training

On peut aussi manipuler les émotions des animaux avec les meilleures intentions du monde. J'en viens ici à mon métier. Dans la majorité des cas, lorsque vous amenez un cheval, un chien, un chat ou un furet chez le vétérinaire, il n'aura pas trop de mal à l'examiner. C'est une autre affaire, évidemment, quand il s'agit d'un léopard ou d'un tigre. Le plus souvent, on utilise l'anesthésie ou la contention, mais ces pratiques génèrent du stress chez l'animal. Comment l'éviter ?

Depuis quelques années, nous utilisons la méthode dite du *medical training* (en français, on traduit par « méthode des soins coopératifs »). Cette technique fait appel à la collaboration volontaire d'un animal pour faciliter les soins et les actes vétérinaires. Elle se rapproche d'un dressage, la différence étant qu'on joue surtout sur des phénomènes réflexes et des stimulations positives, jamais négatives. À la Ménagerie, nous effectuons du *medical training* sur un grand nombre d'espèces : des perroquets, des tortues, nos pandas roux, nos kangourous arboricoles, nos rats des nuages, toutes nos panthères et bien sûr nos primates, dont surtout nos orangs-outans. Nous les approchons en douceur. Avec les orangs-outans, l'examen clinique général s'en trouve facilité. Les soigneurs les amènent à nous montrer leur ventre, leur dos, leurs dents, à rester stables pour accepter l'apposition d'un stéthoscope ou la pose d'une sonde échographique.

Pour assurer cette coopération, les animaux sont entraînés sur les bases d'un renforcement positif. Au début ils « travaillent » car ils savent qu'ils obtiendront une récompense alimentaire en cas d'exercice correctement exécuté. En aucun cas nous ne les privons de repas, ils conservent leur régime alimentaire normal. Simplement, les séances de training permettent d'obtenir un « extra », une gourmandise, quelque chose qu'ils aiment en général. Lorsqu'un animal refuse de coopérer ou qu'il devient agressif (par exemple s'il exige immédiatement sa récompense), la séance de travail est interrompue. Sans entrer dans les détails techniques, je dirais que les méthodes de training sont très rigoureuses. La durée des entraînements, ainsi que la charge de travail, peuvent varier en fonction de l'exercice demandé. S'il est assez simple d'apprendre à un animal à toucher une cible, il est beaucoup plus long d'apprendre à une panthère à venir manger un bout de viande tenu par une pince.

Et les émotions là-dedans ? J'y viens avec un exemple, celui de Bao Bao une panthère de Chine. Nous l'avions reçue d'un zoo de la République tchèque. Elle avait un an et deux mois. Quand nous l'avons emportée avec nous, les soigneurs tchèques nous ont dit : « Bon courage avec elle ! » Ils sous-entendaient qu'elle avait un caractère difficile. Les premiers temps, effectivement, elle restait prostrée, le public ne la voyait que rarement. Aujourd'hui, après deux ans de training, Bao Bao répond tous les jours, sans agressivité, aux appels des soigneurs. Quant au public, il peut la voir dans sa loge extérieure ou perchée pacifiquement sur une branche. Le training a sensiblement amélioré son état psychologique. La méthode, qui n'était au début qu'une pratique utilitaire pour les soigneurs, est devenue aujourd'hui une composante majeure du bien-être animal. Pour être honnête, j'ajouterai qu'il y a des jours où l'animal est moins coopératif. Dans ce cas, nous n'insistons pas.

Chaque animal répond avec sa personnalité propre aux sollicitations du *medical training*. Mais l'animal n'est pas seul en cause, la méthode non plus. La composante émotionnelle de l'opérateur lui-même, vétérinaire ou soigneur, doit être prise en compte. À la Ménagerie, nous avons par exemple une soigneuse qui a un merveilleux feeling avec les animaux, notamment les fauves. Notre mâle panthère longibande (une panthère longibande est une espèce de félin de taille moyenne, avec des pattes courtes et une très longue queue) n'accepte de training qu'avec elle. Dans d'autres cas, avec d'autres soigneurs, le feeling est moins bon.

D'où vient la différence ? De leurs voix, de leurs attitudes, de leurs manières de communiquer avec l'animal ? Je l'ignore. Ce dont je suis certain, c'est qu'il n'y a pas l'animal d'un côté, les protocoles de l'autre. Les animaux nous rappellent en permanence au partage des émotions. Souvent, en voulant être rigoureux – et c'est absolument nécessaire – nous oublions nos propres émotions. Nous sommes attentifs à celles de l'animal, mais nous mettons les nôtres en sourdine. À ce sujet un article très éclairant, dans la revue *Nature,* a dévoilé les résultats d'une étude menée dans neuf zoos européens et deux centres de réhabilitation pour les orangs-outans. Elle montre que les orangs les plus attirés par l'homme (réactions positives à l'approche d'une personne étrangère) sont aussi les plus performants dans une tâche du type « termitière » (l'animal est entraîné à prélever des termites dans une termitière à l'aide de baguettes ou de cordelettes). En revanche, le fait qu'ils aient été biberonnés ou élevés par leur mère n'a pas d'impact. Conclusion : les capacités cognitives des orangs-outans sont surtout affectées par leur relation avec l'expérimentateur au moment des manipulations, probablement en raison d'une augmentation (ou d'une diminution, selon les cas) de leur motivation. Bref, nous ne parlons pas à l'animal avec nos seuls protocoles, nous leur parlons aussi avec nos émotions. Ces informations, qui circulent silencieusement entre les partenaires, modulent la réponse de l'animal.

Des émotions aux représentations

J'y reviendrai donc toujours : dans le « dialogue » que nous entretenons avec les animaux, nous ne devons jamais oublier ce canal des émotions. Sans quoi, nous nous condamnons nécessairement à l'échec ou à l'incompréhension.

Pourquoi croyez-vous que j'insiste tant sur ce point ? Pourquoi faut-il rappeler sans cesse cette évidence ? Parce qu'elle ne va pas de soi chez nous, les humains ! Pour quelle raison ? D'où vient notre difficulté à partager la vie émotionnelle des animaux ? D'une infirmité native ? Pourtant nous sommes nous aussi des animaux. Alors ?

En 1997, le psychiatre et éthologue Boris Cyrulnik a publié un beau livre, *L'Ensorcellement du monde*[1]. « Ensorcellement » parce que, selon l'auteur, l'homme est ensorcelé par les mots. En s'éloignant de ses origines animales, il a emménagé dans l'univers des représentations. Elles l'emportent chez lui sur la perception et sur le ressenti. « Un accident domestique permet de soutenir cette idée. Il arrive qu'un homme la nuit, désirant boire du vin à la bouteille, se trompe et prenne à la place une bouteille d'eau de Javel. Or il lui faut plusieurs goulées avant de se rendre compte de son erreur. L'idée de vin a masqué la perception caustique de la soude. La soumission aux représentations dans un monde humain explique la relativisation de ses perceptions[2]. » À tel point que les fabricants veillent maintenant à faire des bouteilles bien différentes !

Alors que l'animal voit le monde tel qu'il le perçoit avec ses sens, les humains vivent, eux, dans le monde du sens. Ils sont piégés par les mots. Ceux de notre famille, qui dessinent en partie notre destin. Ceux de notre position sociale, qui façonnent notre point de vue sur la société. Ceux des démagogues et des tyrans, qui nous transforment en robot tueurs ou en rebelles.

Un bon exemple de la fascination qu'exerce sur l'homme le monde artificiel des signes, c'est celui de la représentation de la mort. L'animal éprouve le concret, le ressenti de la mort. Il ne sait peut-être pas ce qu'est la mort, il ignore sans doute son côté définitif et éternel puisqu'il ne possède pas une vraie conscience du temps (nous reviendrons un peu plus loin sur cette question).

1. Boris Cyrulnik, *L'Ensorcellement du monde*, Odile Jacob, 1997.
2. *Ibid*.

Mais il éprouve, il ressent le concret du cadavre. « Un scarabée piétine le corps de son congénère mort, comme il le ferait d'un obstacle. Les rats survivants sécrètent des phéromones d'alerte, les chiens endeuillés souffrent de manque, les singes peuvent être désorganisés au point de se laisser mourir auprès du disparu[1]. »

L'homme, c'est tout différent. Il ne voit pas le mort, il oublie ce que lui communiquent ses sens en se projetant dans un au-delà de la mort. Depuis les premières sépultures des Néandertaliens, il postule l'existence d'un arrière-monde qui accueille les âmes et qu'il peuple de croyances et d'êtres fantastiques. Grâce aux religions, les hommes échappent au réel et s'évadent dans le monde des représentations.

Les intellectuels et les tortionnaires

Cela peut aller très loin, jusqu'à l'ignominie. En plaquant des images fallacieuses sur ses semblables, l'homme fabrique des mythes, des caricatures qui l'autorisent parfois à commettre les pires exactions. On a bien justifié le massacre des Indiens d'Amérique sous le prétexte qu'ils n'étaient pas des êtres humains à part entière. Un exemple plus récent m'a touché personnellement. Au début des années soixante-dix, au Cambodge, des familles entières ont été massacrées parce qu'elles portaient ce stigmate d'infamie : c'étaient des « intellectuels ». On a emprisonné et torturé des hommes pour ce simple crime qu'ils chaussaient des lunettes ! Les Khmers rouges estimaient que

1. *Ibid.*

toute personne sachant lire ou écrire était un traître en puissance. Mon grand-père a été enfermé dans une de leurs prisons, sans doute la plus redoutable : Tuol Sleng dite « S21 », un ancien lycée transformé en prison. J'ai photographié le panneau qui énonçait le règlement des agents de sécurité de S21 : « *Réponds à la question que je t'ai posée. N'essaie pas de détourner la mienne. Il est interdit de discuter ce que je dis. Réponds sans prendre le temps de réfléchir. Pendant la bastonnade ou l'électrochoc il est interdit de crier. Reste assis. Attends les ordres. S'il n'y a pas d'ordre, ne fais rien. Si je te demande de faire quelque chose fais-le immédiatement sans protester. Si tu désobéis, tu auras dix coups de fouet ou cinq électrochocs* », etc.

Les prisonniers étaient acheminés en file indienne, attachés les uns aux autres, les mains ligotées dans le dos, les fers aux pieds. Ils étaient introduits dans une grande salle où leurs pieds étaient entravés dans une barre cadenassée. Il y avait des cellules réservées aux femmes, d'autres aux enfants et aux adolescents. L'idée était d'emprisonner les familles entières. Le slogan révolutionnaire disait : « Quand on arrache les herbes, il faut extirper toutes les racines. » Il ne suffit pas d'arrêter le coupable, il faut arrêter toute sa famille. Car si l'un est coupable, il a pu contaminer tous les autres. Souvent, les enfants sont tués. Ceux en bas âge sont laissés à même le sol, après l'exécution de leurs parents.

Comment une telle chose a-t-elle été possible ? La réponse, c'est qu'un « intellectuel » (ou une femme ou un fils d'« intellectuel »), pour les tortionnaires, n'était plus un être humain. C'était une image. C'était une représentation abstraite, celle d'un « traître contre-révolutionnaire ». Et comme les tortionnaires baignaient dans un monde de représentations simples, ils avaient en tête cette formule encore plus simple : un intellectuel = un traître. Tuer les traîtres est une bonne action. Donc tuer cet homme (ou cette femme ou même cet enfant) n'est pas un crime, c'est une action révolutionnaire, une action juste.

Seulement, imaginons qu'au lieu de tuer un enfant, le tortionnaire ait pu le rencontrer, lui parler. Peut-être les choses se seraient-elles passées différemment. Peut-être la brute aurait-elle traversé le masque des images pour « synchroniser » ses émotions avec celles de l'enfant, pour partager sa présence au monde. Peut-être, peut-être pas. Cela, en tout cas, l'animal le fait spontanément. Pour l'homme, c'est plus difficile. L'écran des représentations l'a éloigné de ses origines animales. C'est parce que j'identifie mon prochain à l'image d'un être nuisible (un rat, une ordure, un déchet) que je pourrais en venir, un jour, à l'exterminer. Le langage, qui nous a permis d'accéder à la civilisation, nous a fait perdre le contact sensible avec l'autre, avec sa vie intérieure.

Deux expériences révélatrices

Un autre exemple est devenu célèbre en éthologie. Il s'agit d'une expérience réalisée en 1964 par Stanley Wechkin à Chicago. Elle portait sur un groupe de singes rhésus. Les expérimentateurs avaient imaginé un dispositif diabolique. On installe deux singes rhésus dans deux cages différentes. À l'un, on présente une nourriture appétissante : une banane ou une cacahuète. Il peut l'obtenir en tirant une chaîne. Mais, chaque fois qu'il la tire, un autre rhésus, dans la cage voisine, subit un choc électrique. L'expérience a été répétée de nombreuses fois, avec plusieurs singes différents. Chaque fois, le résultat est le même. Au bout d'un moment, le rhésus se détourne de la chaîne qui l'approvisionne en cacahuètes. Pourquoi ? Parce qu'il ne supporte plus la souffrance infligée à son congénère. Il préfère se priver volontairement de sa gourmandise plutôt que de voir souffrir son voisin.

C'est allé assez loin. Un rhésus a subi ainsi une diète de cinq jours, un autre de douze jours. L'expérience, une fois connue, a fait grand bruit. Les journaux du soir ont fait leurs gros titres sur « la morale des singes ». Nul besoin, pourtant, d'invoquer de grands principes moraux. Le singe, qui partageait ses émotions avec son congénère malheureux, ne pouvait simplement plus supporter sa souffrance. Et s'il lui faut pour cela renoncer à la nourriture, il y renoncera. Il est intéressant de noter que la même expérience a été réalisée avec des rats et avec les mêmes résultats.

En regard, voyons ce qui se passe chez les hommes. Vous souvenez-vous de l'expérience de Milgram ? Pour ceux qui en ont besoin, je résume. Il s'agit d'une expérience réalisée au début des années soixante par le psychologue américain Stanley Milgram. L'objectif était d'évaluer le niveau d'obéissance d'un individu à un ordre venu d'une autorité légitime. On installe le cobaye (sujet 1) dans une pièce. Devant lui, il y a une série de manettes. Tout à côté, visible par lui, a été installé un autre cobaye (sujet 2). Il est assis sur une chaise électrifiée. L'expérimentateur présente l'expérience comme un test pour évaluer les effets d'une punition sur la mémoire.

L'expérience commence : on présente au sujet 2 une liste de mots, puis on lui demande de les répéter de mémoire. À chaque erreur, le sujet 1 doit administrer une décharge électrique. Ce qu'il fait en abaissant une manette. Légère d'abord, l'intensité de la décharge croît à mesure que les erreurs du sujet 2 se multiplient. Bientôt, le malheureux se met à gémir. Au stade de 150 volts, il supplie d'arrêter les chocs, devenus trop douloureux. Mais l'expérimentateur, lui, donne au sujet 1 l'ordre de continuer. Le sujet 2 le supplie d'arrêter. Pendant quelques secondes, le sujet 1 hésite. Puis il considère que les ordres sont les ordres et il abaisse une nouvelle manette.

Je vous rassure, le sujet 2 était un comédien, les chocs étaient fictifs et les cris de douleur simulés. Mais le sujet 1, lui, l'ignorait. Et il a baissé les manettes. Les statistiques font froid dans le dos : soixante-cinq pour cent des participants ont obéi aux ordres, en dépit des cris de souffrance des faux « suppliciés ». Dans d'autres versions de l'expérience, quatre-vingt-douze pour cent ont obéi aux ordres. Terrifiant, non ?

Cela, le singe rhésus de l'expérience de l'autre Stanley, Stanley Wechkin, ne l'a pas fait. On ne lui donnait pas d'ordre, on lui offrait simplement l'occasion de déguster des cacahuètes. Et croyez-moi, pour des gourmands comme les rhésus, une cacahuète vaut tout l'or du monde ! Mais le rhésus a refusé de faire souffrir son congénère parce qu'il partageait ses émotions. Il a considéré que cela valait bien le sacrifice de quelques cacahuètes. L'homme donne à un ordre (un mot), issu d'une autorité légitime (une représentation), un caractère sacré, impératif. L'ordre, tout abstrait qu'il soit, a prévalu sur les cris de souffrance de son semblable. Boris Cyrulnik a raison : l'homme a été victime de l'ensorcellement des mots.

C'est ici – j'en reviens au sujet de ce livre – que nous pouvons méditer avec profit la sagesse des animaux. L'animal nous rappelle à la nécessité du partage des émotions entre les êtres vivants. L'expérience de Milgram nous a montré à quel point c'était nécessaire. À la différence de l'homme (en tout cas de ce qu'il est devenu), l'animal est capable d'une véritable *empathie émotionnelle.* Au sens étymologique du mot « empathie » qui, en grec, se traduit littéralement par « souffrance intérieure ». Cette faculté d'empathie lui permet de se représenter le monde intérieur de l'autre être vivant qui est en face de lui. Elle lui permet de savoir s'il a peur, s'il est agressif, s'il est en colère, s'il est impressionné, amical, angoissé. Ou s'il souffre, sous l'effet de décharges électriques

Le chat de Pallas

Ce que les amateurs de mystères attribuent faussement à des « antennes télépathiques » chez les animaux se résume à une extrême sensibilité à notre vie émotionnelle. Un jour de septembre 2014, au zoo, il s'est passé une chose étonnante. Je m'en souviens comme si c'était hier. Ce matin-là, j'étais très contrarié à cause d'une histoire personnelle. Je tournais et retournais dans ma tête des idées noires. Puis je me suis calmé pour aller traiter notre chat de Pallas. C'est un chat sauvage à la fourrure épaisse, qu'on trouve un peu partout en Asie. Même s'il est difficile de l'apprivoiser, nous n'avions pas eu trop de problèmes avec lui. Mais ce jour-là, quand je suis entré dans son enclos, il s'est mis à me cracher dessus. C'était la toute première fois. J'ai fait un pas de plus vers lui, c'était le pas de trop. Il m'a griffé l'avant-bras. Cela s'est passé si vite que je n'ai rien vu venir. J'étais stupéfait, ce n'était plus l'animal que je connaissais.

Notre chat de Pallas, à la Ménagerie, souffrait d'une conjonctivite et d'ulcères de la cornée (on parle de « kératoconjonctivite ulcérante »). Après diagnostic, nous avions initié un traitement. Celui-ci comprenait des comprimés à avaler quotidiennement, des solutions à boire le matin et le soir et des collyres à instiller deux à trois fois par jour. Le problème, c'est que même à trois mois, ce chat ne se laissait pas facilement approcher, encore moins manipuler. Il prenait bien ses comprimés cachés dans des boulettes de viande, mais pour le reste c'était une autre histoire. Imaginez son stress quand nous lui mettions ses gouttes dans les yeux. On y allait avec de gros gants de contention. J'ai alors eu l'idée de procéder autrement : je m'approcherais doucement et, après l'avoir traité, je resterais un peu de temps avec lui au lieu de m'en aller aussitôt. C'est ce que j'ai fait. Peu à peu, la tension s'est relâchée. La seconde étape était de le saisir calmement afin qu'il demeure immobile pour les soins. Je le mettais sur mes cuisses et je lui parlais avec douceur. Ensuite, je lui instillais ses collyres. Peu à peu, j'arrivai à un point où je ne mettais plus les gants. Je le prenais puis le déposais délicatement sur mes cuisses. Il restait ainsi sur moi, jusqu'à ce que je lui dise de partir. Vous pouvez voir cette scène sur YouTube en tapant les mots-clés « chat de Pallas Norin Chai ». Quand je n'étais pas là, mes collègues continuaient le traitement avec des gants de contention.

Tout s'est passé normalement, jusqu'au jour de l'agression. Finalement, je l'ai attrapé avec des gants de contention car il fallait quand même lui donner son traitement.

Les jours d'après, j'ai laissé faire mes collègues. Depuis, j'ai réfléchi à cet incident. J'ai retenté l'expérience avec le chat. J'ai réussi à l'approcher sans me faire cracher dessus. Mes gestes, malgré moi, étaient teintés d'appréhension, j'avais perdu ma décontraction. Nous étions au bout d'un mois de traitement. L'état de santé de l'animal s'était bien amélioré, les ulcères sur la cornée avaient cicatrisé, il ne restait qu'à donner de l'antiviral par voie orale. Deux semaines après, mes ennuis personnels se sont un peu dissipés, j'ai pu renouer le contact. Nous n'avions certainement plus la même complicité qu'autrefois, mais j'ai quand même réussi à le traiter sans avoir recours aux gants de contention.

Cet incident est révélateur de la communication non verbale qui peut s'établir entre un animal et un humain. Mes interactions avec le chat étaient avant tout émotionnelles. Tant qu'il sentait en moi de la confiance, il se laissait faire. Quand, à l'inverse, il a partagé mon angoisse et mon inquiétude, il est devenu lui-même inquiet et angoissé. C'est un peu la même histoire qu'avec Tengah le tapir. Je le dis très souvent aux soigneurs et aux jeunes vétérinaires lors d'une capture : si vous ne le sentez pas, n'y allez pas. Car si vous hésitez, il va le sentir !

La force des émotions

Le lien de confiance qu'on établit avec un animal peut aller très loin. Chacun connaît Clément Marty sous son nom de scène de Bartabas. Clément est un écuyer hors pair, fondateur du spectacle équestre Zingaro et responsable de l'Académie du spectacle équestre de Versailles. Je l'évoque ici car je suis toujours fasciné par ses échanges avec le cheval. Le dressage avec lui a dépassé la relation de confiance, il s'est transformé en acte d'amour. Son cheval est devenu une partie de lui-même. L'animal communique avec les humains par ses postures, ses attitudes, sa gestuelle. Il reconnaît une démarche, une odeur, un parfum, une couleur, un timbre de voix, une attitude, un regard. Il capte votre rythme cardiaque, il est sensible à votre respiration, attentif à la manifestation de chacune de vos émotions. Dites-lui ce que vous voulez, mais si vos mots ne sont pas « synchronisés » avec votre corps, l'animal ne vous croira pas. Il ne se décide qu'en fonction du sentiment de confiance que vous lui inspirez. Impossible avec lui de tricher, il vous oblige à prendre le temps qu'il faut pour vous accepter dans son cercle intime.

Les manuels de coaching insistent beaucoup, aujourd'hui, sur la communication émotionnelle, l'intelligence émotionnelle. Il est vrai que, dans nos relations quotidiennes, nous avons appris à contrôler la composante affective. Si nous ne le faisions pas, la vie deviendrait impossible. Mais contrôler ne veut pas dire inhiber. L'animal nous rappelle à cette nécessité de communiquer de l'intérieur vers l'extérieur. Le plus souvent, nous faisons le contraire, nous allons de l'extérieur vers l'intérieur. L'extérieur, c'est ce que je vois, ce que j'entends, les faits, les apparences imposées. L'intérieur, c'est ma manière personnelle de traiter l'information que je reçois et que je transformerai, plus tard, en projets puis en actes.

Si vous réfléchissez bien, la plupart des grands leaders, quand ils veulent séduire l'opinion, ont appris à parler dans le sens « animal », c'est-à-dire de l'intérieur vers l'extérieur. Un exemple : pendant l'été 1963, deux cent cinquante mille personnes sont venues devant le

Lincoln Memorial de Washington écouter le docteur Martin Luther King. Il n'y avait pas d'invitations, pas de site internet, pas de réseaux sociaux pour faire venir les gens. Comment y est-il parvenu ? À cause de son talent. Il s'est contenté de dire ce en quoi il croyait. Et ceux qui croyaient à ce en quoi il croyait ont adopté sa cause et en ont parlé à d'autres gens. C'est ainsi que deux cent cinquante mille personnes ont fait le déplacement le bon jour, à la bonne heure, pour l'entendre parler.

Plus que pour lui, les gens se sont déplacés pour eux-mêmes. Certains ont fait plus de huit heures de bus pour être là, à Washington, sous le soleil du mois d'août. Et quand il s'est adressé à la foule, le docteur King a commencé par dire « j'ai fait un rêve ». Il n'a pas dit : « j'ai un plan » ou « voici mon programme ». En laissant parler ses émotions, il a séduit la foule. Instinctivement, nous savons tous faire la différence entre les dirigeants (tel ou tel président) et les grands leaders, comme le docteur King. Les dirigeants ont une position de puissance ou d'autorité, mais les grands leaders nous inspirent et savent trouver les bons mots pour le faire.

J'en ai la conviction, les animaux peuvent nous aider à trouver ou à retrouver le chemin (perdu, pour beaucoup d'entre nous) de nos émotions. Une fois réactivée, cette force – car c'en est une – ne nous quittera plus. L'intelligence émotionnelle des animaux leur ouvre grandes les portes des mondes intérieurs de leurs congénères, de l'homme, de tous les autres mammifères. Si l'homme en faisait autant, nos sociétés humaines seraient peut-être débarrassées de ces fléaux, nés le plus souvent de la stérilité émotionnelle, qui se nomment la violence, le racisme, la haine.

2

Ils nous enseignent la tolérance

Peut-être parce qu'ils pratiquent le partage des émotions, les animaux sont profondément tolérants. Cette tolérance repose sur une manière d'être et de faire dont nous, humains, ne sommes pas souvent capables. Je la résumerai ainsi : *les animaux ne portent aucun jugement sur les individus, quels que soient leurs goûts sexuels ou leur apparence.*

Un exemple tiré de mon expérience au zoo : le grand bharal est un ruminant de l'Himalaya. C'est une chèvre de plus de soixante-quinze kilos, au pelage gris avec des reflets bleutés. On le nomme aussi mouton bleu. Un matin, je regardais un jeune mâle dont la lèvre a été déformée par une infection mycosique. Le pauvre ne ressemble plus à grand-chose, mais sa santé est bonne. Je peux le certifier, jamais le groupe n'a manifesté envers lui une quelconque discrimination. À l'inverse, j'ai le souvenir d'un homme qui est entré un jour dans mon wagon de métro. Son visage avait visiblement souffert d'une grave brûlure qui avait fait fondre les chairs. Il ne lui restait que quelques petits orifices pour respirer, voir, manger. Je ne sais à quand remontait son accident, mais il avait choisi ce jour-là de découvrir son visage, de ne plus le cacher sous des bandelettes, bref de vivre une vie normale. La réaction des passagers autour de moi était horrifiée. Ils ne poussaient pas des cris, non, ils tentaient – si maladroitement ! – de rester discrets. Mais le visage de cet homme les effrayait.

Les animaux, eux, ne vous jugent pas sur votre allure ou sur votre physique. Vous pouvez être estropié, mal formé, beau, laid, cela n'a aucune importance. Certains au contraire, comme les éléphants, aident les plus faibles et les plus fragiles. D'ailleurs les humains qui, pour une raison ou pour une autre (la vieillesse, le handicap), se sentent marginalisés par la société ou par leurs proches ne s'y trompent pas. Souvent, ils trouvent dans la compagnie d'un animal le regard compatissant et tolérant qu'ils ont du mal à trouver chez leurs frères humains.

L'animal est spontanément moral

Dans toutes les sociétés, humaines ou animales, la morale est ce lien qui permet de régir et de conserver l'équilibre et l'harmonie des rapports sociaux. En ce sens, je dirais que l'animal est profondément moral. Il adopte spontanément les comportements nécessaires au maintien du bon équilibre du groupe auquel il appartient. À la différence des hommes, les comportements des animaux ne reposent pas sur des règles abstraites ou des devoirs religieux. Les animaux sont ce qu'ils sont et font ce qu'ils font. Leurs normes, leurs droits et leurs devoirs ne sont pas liés à des préceptes, mais à un ensemble de rituels qui sont le « bain » invisible dans lequel ils évoluent. Si l'animal est moral, il l'est spontanément.

Chaque animal est libre, évidemment, de respecter ou non ces rituels. Mais s'il ne le fait pas, il en subira les conséquences. Un subordonné qui refuse d'admettre l'autorité d'un dominant sait ce qu'il risque. Bref, les codes moraux des animaux ne s'encombrent pas de déontologie. Ils ne cherchent pas la bonne action, ils réalisent l'action *juste*. De ce point de vue, nous avons beaucoup à apprendre de la sagesse des animaux, notamment en ce qui concerne la tolérance.

Contre nature ?

La question de l'homosexualité est un bon exemple. Dans ce domaine, il faut bien le dire, les humains ne se sont pas montrés très glorieux. En avril 2016, l'État du Mississippi a voté une loi permettant aux entreprises de discriminer les couples homosexuels. Les commerçants peuvent désormais refuser de servir les couples gays. Le gouverneur de l'État, Phil Bryant, a promulgué cette loi dans le but, dit-il, de protéger « les libertés religieuses et les convictions sincères » de chacun.

En mai 2017, selon le journal russe *Novaïa Gazeta*, les autorités de Tchétchénie – où l'homosexualité est considérée comme un délit – ont arrêté plus de cent homosexuels et incité les familles à mettre fin à leur vie pour laver leur honneur. Les personnes arrêtées ont été torturées et battues, parfois à mort. En France, jusqu'en 1982, il était illégal d'être homosexuel. Toujours en France, parmi les deux cents témoignages d'homosexuels évoquant des discriminations au sein de leur famille et recueillis par *SOS homophobie* en 2016, les trois quarts dénoncent des phénomènes de rejet ou des insultes graves. Récemment, on le sait, des milliers de personnes ont manifesté contre le mariage homosexuel. Même un film des studios Walt Disney, *La Belle et la Bête,* a suscité la polémique pour un « moment gay » bien innocent, entraînant une interdiction de diffusion dans les pays où l'homosexualité est punie de prison ou de mort (Russie, Koweït, Malaisie).

Tout ceci est bien connu et tristement banal. Le plus étonnant est que, depuis la nuit des temps, l'homosexualité existe dans toutes les ethnies humaines et dans toutes les civilisations. On la retrouve aussi chez les animaux, dans un très grand nombre d'espèces. Dans une étude qui a beaucoup fait parler[1] en son temps, le chercheur Bruce Bagemihl a observé des comportements homosexuels chez près de quatre cent cinquante espèces animales ! À partir de son livre a été montée une exposition au Muséum d'histoire naturelle d'Oslo. Intitulée « Against Nature ? », elle portait sur l'apparition et la fonction de l'homosexualité chez les animaux. Je n'ai pas pu la visiter et j'en suis désolé. Une telle exposition est néanmoins la preuve que le

1. Bruce Bagemihl, *Biological Exuberance : Animal Homosexuality and Natural Diversity*, St. Martin's Press, 1999.

regard du monde scientifique sur l'homosexualité animale a changé.

Au début du XXe siècle, en effet, les zoologues castraient ou lobotomisaient les babouins ou les manchots homosexuels. Plus récemment, en 1979, une équipe américaine chargée d'étudier le comportement des orques disait avoir filmé à plusieurs reprises des ébats homosexuels chez les orques des deux sexes. Publié un an plus tard, le rapport officiel ne faisait plus allusion à ces observations. Cette forme de censure discrète s'est longtemps exercée. Aujourd'hui, heureusement, nous n'en sommes plus là.

L'homosexualité chez les animaux

L'homosexualité existe donc naturellement chez l'animal. En 2005, six manchots de Humboldt mâles du zoo de Bremerhaven (Allemagne) se sont signalés à l'attention quand ils ont formé trois couples homosexuels. Le zoo leur a présenté des manchots femelles afin qu'ils s'accouplent, mais les manchots homosexuels ont préféré rester ensemble. Pour leur permettre de participer à la reproduction, les responsables du zoo leur ont néanmoins proposé de couver des œufs rejetés par des congénères hétérosexuels, en les disposant dans leurs nids vides. L'expérience s'est soldée par un succès. Un des trois couples a adopté son œuf, puis a nourri et protégé l'oisillon qui en est sorti. Plus qu'un simple comportement, c'est un véritable mode de vie homosexuel qui s'est ainsi installé chez ces animaux. Un cas similaire, celui de deux manchots nommés Wendell et

Cass, a été observé au zoo de New York, mais cette fois sans adoption.

On pourrait supposer que les conditions de captivité biaisent le comportement naturel de ces animaux. Mais on a signalé des cas comparables chez des oiseaux sauvages. Certaines autruches mâles ne courent qu'après des mâles, des paires de flamants mâles forment des nids et adoptent même des poussins, des lions mâles s'accouplent et consentent des pénétrations anales, assorties d'autres caresses homosexuelles. Pour le biologiste australien Geoff McFarlane, cinq pour cent des pratiques sexuelles des oiseaux seraient de nature homosexuelle. Le constat a été établi après avoir étudié quatre-vingt-treize espèces différentes. Parfois, les observations ont révélé des surprises : chez les oies cendrées, vingt pour cent des couples sont formés par des animaux de même sexe.

On peut s'interroger sur les pratiques homosexuelles des animaux, voire discuter doctement de l'avantage sélectif de l'homosexualité dans tel ou tel contexte. Mais, comme le suggère Paul Vasey, professeur de comportement animal à l'université de Lethbridge (Canada), la réponse est peut-être très simple : ces comportements s'expliquent d'abord par le plaisir qu'ils procurent.

Ils copulent (aussi) pour le plaisir

Chez les primates, l'exemple le mieux connu de liberté sexuelle reste le bonobo. Mon amie Claudie André, qui travaille sur les bonobos depuis plus de vingt ans, m'a conté une multitude d'anecdotes sur ces animaux passionnants. Les trois quarts des rapports sexuels entre bonobos n'ont pas de fin reproductive, ils ont plutôt une fonction sociale. Outre le plaisir qu'ils procurent aux partenaires, les rapports sexuels réduisent les tensions à l'intérieur du groupe et contribuent à calmer les conflits. Claudine me parle également d'affection. Certains couples peuvent s'éclipser, par exemple, pour chercher – comme les humains – plus d'intimité.

Devant des pratiques sexuelles variées comme la sexualité orale, le baiser avec la langue et bien sûr les rapports homosexuels, le primatologue Frans de Waal préfère parler de « pansexualité ». Il insiste sur le fait que la sexualité du bonobo est ouverte à toutes sortes de relations, elle n'est pas orientée vers le seul sexe opposé.

Toujours chez les primates, un article sur la question de l'homosexualité chez les femelles gorilles a été publié en 2016 dans la très sérieuse revue *Plos One*. Des rapports homosexuels ont été documentés pour la première fois entre des femelles gorilles des montagnes. Elles « paradent et se courtisent, vocalisent puis se frottent l'une à l'autre, s'accouplant vulve contre vulve, ou pressant leur appareil génital contre le dos de leur partenaire ». Parfois, elles se dissimulent à l'abri des feuillages pour mener tranquillement leurs ébats sans être interrompues par un « dos argenté » (un gorille mâle dont la fourrure sur le dos a une couleur gris argenté). En réalité, ces jeux entre femelles sont connus depuis les années 1980. La célèbre primatologue américaine Diane Fossey et son collègue Alexander Harcourt avaient observé le phénomène, mais ils n'y avaient consacré que quelques lignes discrètes et perplexes dans leurs travaux. Aujourd'hui, les zoologistes et les éthologues reconnaissent que ces comportements sont loin d'être marginaux. Les auteurs de l'article estiment que ces femelles chercheraient simplement à se faire du bien. Aucune d'elles n'entretient de relations exclusivement homosexuelles, elles sont d'abord en quête de plaisir. Pour ma part, je n'ai jamais observé de comportements homosexuels chez nos primates du zoo. En revanche, j'ai noté des jeux sexuels, notamment oraux, chez les orangs-outans et des masturbations chez quasiment tous les primates.

Et si Noé s'était trompé ?

Dans le monde occidental, la représentation traditionnelle de l'animal prend ses racines dans la Bible, notamment dans le livre de la Genèse avec l'épisode de l'arche de Noé. L'Éternel dit à Noé : « De tous les animaux purs, tu prendras sept paires, le mâle et la femelle ; des animaux qui ne sont pas purs, tu prendras un couple, le mâle et la femelle et aussi des oiseaux du ciel, sept paires, le mâle et la femelle, pour perpétuer la race sur toute la terre. Car encore sept jours et je ferai pleuvoir sur la terre pendant quarante jours et quarante nuits et j'effacerai de la surface du sol tous les êtres que j'ai faits. »

Les êtres vivants qui sont sauvés du Déluge sont donc tous des couples, un mâle et une femelle. Leur fonction sur la terre est de perpétuer leur espèce, puisque l'acte sexuel semble n'avoir pour Dieu qu'une finalité, la reproduction. Le brave Noé obéit et embarque donc ses animaux. Mais voici une grave question : et si Noé s'était trompé ? Si sa belle arche avait sauvé de la noyade des animaux sensuels et hédonistes ?

Car les exemples abondent. En dehors des primates, on observe des pratiques homosexuelles chez le bison, l'ours brun, le rat brun, le caribou, le chat domestique, les vaches domestiques, la girafe, la chèvre, le cheval, le lion, le panda géant, le raton laveur et surtout les mammifères marins.

Pour les oiseaux, le comportement a été décrit notamment chez les manchots, les rapaces, les canards, les cygnes. La liste est tout aussi longue chez les reptiles, les poissons et les invertébrés.

Notons qu'il s'agit là de faits observés à de nombreuses reprises, pas d'événements ponctuels. En effet, un comportement d'apparence homosexuelle n'exprime pas forcément une préférence sexuelle chez un animal donné. Une vache dans un pré qui en chevauche une autre signifie peut-être qu'elle est en chaleur et en mal de partenaire. Un chien qui chevauche un autre chien peut simplement exprimer un signe de dominance. Pour établir l'existence d'une vraie préférence homosexuelle, des observations multiples et répétées sont nécessaires. Elles existent, je crois l'avoir montré. Et en grand nombre.

Je dirai les choses très simplement, car la réalité est très simple. Si nous ne la voyons pas, c'est que *nous ne voulons pas la voir.* Chez les animaux, comme chez l'homme, l'acte sexuel a une double motivation. Procréer et se faire plaisir ! Car, ne vous en déplaise, les animaux éprouvent du plaisir. Le grand Darwin lui-même ne craignait pas de dire que la recherche du plaisir est une des préoccupations principales de tout le monde vivant. Il suffit d'observer un tant soit peu les animaux pour constater que, très souvent, ils s'amusent. Ils éprouvent des joies intenses dans un vaste éventail de situations lorsqu'ils jouent, lorsqu'ils chantent, lorsqu'ils saluent des amis, quand on les sort de leur enclos pour les mettre dans la nature – même si la « nature » se réduit, trop souvent, à une petite cour dans un zoo ou à un coin de jardin dans une cité.

Pour exprimer leur plaisir ou leur joie, les animaux ont leur langage. Ils ronronnent, ils crient, ils aboient. Quand je caresse le bas du cou de mes tortues des Seychelles, je les vois se lever, étendre leur cou et, très clairement, apprécier ce moment sensuel. Tengah, mon tapir, éprouve une détente qui frôle l'extase quand je le caresse. Lorsque les loups se réunissent, ils galopent les uns vers les autres en poussant des petits cris et en remuant frénétiquement la queue. Puis ils se lèchent mutuellement leurs museaux et se roulent par terre en battant des pattes. Et quand, au cœur de l'hiver à Paris, nous avons sorti nos orangs-outans dans leur petite cour recouverte de neige, j'ai bien vu qu'ils étaient émerveillés. Ils jouaient, batifolaient dans la neige. On ne voyait dans leurs yeux que du pur plaisir.

Au Muséum, nous travaillons aussi sur la reproduction assistée des oiseaux. J'ai notamment un ami vétérinaire qui étudie les techniques d'insémination artificielle chez les faisans. Pour récolter du sperme et le conserver sous forme de paillettes, il masturbe les mâles. Il me raconte que certains individus, lors de la procédure, lèvent la tête, écartent les ailes et expriment clairement un plaisir non simulé !

Des contre-exemples qui n'en sont pas

J'ai travaillé trois ans (de 1997 à 2000) au parc de la Haute-Touche, dans l'Indre, un des parcs zoologiques du Muséum national d'histoire naturelle. Nous avions là-bas des daims dont la robe était entièrement blanche, noire ou classique, c'est-à-dire fauve tachetée de blanc. Aucun daim n'était discriminé à cause de sa couleur, aucun n'aurait eu l'idée de discriminer un congénère de couleur différente. Prenez encore l'albinisme. On croise des chevreuils albinos dans les forêts vosgiennes, on trouve aussi des lions blancs dans des fratries sauvages. Chacun vit tranquillement sa vie d'albinos dans son groupe respectif. Chez les humains, l'assemblée générale des Nations unies a vu la nécessité de proclamer le 13 juin « Journée internationale de sensibilisation à l'albinisme » pour faire connaître et améliorer le sort des personnes atteintes d'albinisme dans le monde. Elles sont trop souvent, hélas, victimes de préjugés, de brimades ou d'agressions.

Si vous aviez envie de me contredire, vous pourriez me rappeler quelques cas de rejets, par certains animaux, de leur progéniture anormale. Certains ont été largement relayés par la presse, avec ce sous-entendu que le racisme et la ségrégation sont inscrits dans la nature des êtres vivants. Ce fut le cas, on s'en souvient peut-être, d'un lion blanc né dans un zoo de Santa Catarina, au Brésil, qui avait été rejeté par sa mère. C'est exact, il a bien été rejeté. Mais il faut savoir de quoi on parle. Ce n'est pas à cause de sa couleur que le lionceau a été mis à l'écart. Il s'agit d'un comportement assez fréquent en captivité, notamment lors d'une première naissance. L'apparence n'est pas en cause, les vraies causes sont ailleurs. Ou bien, parce qu'il est malade, le jeune ne répond pas normalement à des codes comportementaux, ou bien la mère ne peut affronter la situation à cause de son état physique ou psychologique. J'ai vu ainsi une femelle cercopithèque[1] casser les bras de son petit parce qu'elle en avait peur ! Il m'a fallu opérer le petit à deux reprises. Le comportement de la mère s'explique simplement par sa fragilité. Peut-être avez-vous aussi entendu parler d'un bébé otarie roux abandonné par sa maman. Là encore, oubliez le « racisme envers les roux », comme on a pu le lire. Les pinnipèdes[2] n'ont pas de problème envers leurs congénères de couleur différente, par exemple les albinos. Si ce bébé roux a été rejeté, c'est en raison de l'anomalie génétique qui lui donne sa coloration particulière. Elle a provoqué une répartition anormale de certains pigments qui a touché plusieurs organes : la peau (le pelage roux), les yeux (qui sont très clairs), sans doute d'autres organes sensoriels comme les cellules olfactives. Ces lésions handicapent le petit qui n'arrive plus à s'orienter, soit pour trouver la mamelle de sa mère, soit pour reconnaître son odeur. Or, chez les pinnipèdes, la relation mère-bébé se construit dans les deux sens, par une stimulation-réaction des deux parties. Si le petit ne stimule pas ou ne réagit pas, la mère se lassera et finira par l'abandonner. Elle ne rejette pas son petit parce qu'il est roux, mais parce qu'il ne possède pas les réflexes caractéristiques de son espèce.

1. Une certaine catégorie de primates.
2. Le groupe zoologique dont font partie les otaries.

Je le répète : dans le cas général, l'animal accepte l'autre tel qu'il est, au moins tant qu'il répond aux codes spécifiques de son espèce. Il ne s'agit pas d'une tolérance aveugle, ce serait abusif de le dire, plutôt d'une tolérance éclairée. On accepte l'autre, mais on tient aussi à préserver l'équilibre et l'harmonie de la société animale dans laquelle on vit. Un lion peut être albinos, aveugle, estropié, il sera accepté. Mais s'il enfreint les lois ou les codes du groupe, il en subira les conséquences. Pas à cause de ce qu'il est, mais à cause de la manière dont il s'est comporté.

3

Ils n'aiment pas la violence inutile

Djakarta, en Indonésie, un jour de janvier 2017. Nous sommes en train de siroter un jus de fruits avec mon ami Sébastien Laurent, directeur du zoo de La Boissière-du-Doré. Il me raconte ce qui vient de lui arriver avec Mandie, un gorille mâle dos argenté de deux cents kilos pour une taille d'un mètre soixante-dix.

Sueurs froides

Je précise que, même s'il dirige son zoo, Sébastien y joue aussi les hommes à tout faire, depuis les tâches purement administratives jusqu'au travail quotidien du soigneur.

Ce matin-là, il faisait sa tournée des loges de la singerie. Il arrive au parc des gorilles (il en a quatre), fait sortir les animaux et veille à ce qu'ils soient tous dehors pour entrer dans leur enclos, le nettoyer et disposer la nourriture. Hélas, il ferme mal une trappe. Mandie le gorille entre alors dans la loge et se jette sur lui. Il lui mord une bonne partie de la cuisse, mais il ne touche ni la veine ni l'artère fémorales. Surpris par l'agression, Sébastien s'écroule. Mandie le plaque au sol, se penche au-dessus de lui, les bras tendus de part et d'autre de la tête de mon ami.

À poids égal, un gorille est huit fois plus fort qu'un homme, il est inutile de résister. Sébastien fait le mort. Il sent la respiration de Mandie à quelques centimètres de son visage. Il craint le pire. Mais le gorille décide que Sébastien a compris la leçon. La porte qui donne accès à la cuisine est restée ouverte, les autres gorilles y sont allés mettre un bazar sans nom. Mandie les rejoint. Sébastien profite de ce répit pour se jeter dans l'enclos extérieur et fermer la trappe. Les gorilles sont à présent dans la cuisine, mais ils ne peuvent plus sortir. Mon ami demande alors de l'aide sur son talkie-walkie.

Immédiatement pris en charge par l'hélicoptère du SAMU, Sébastien est conduit au centre hospitalier de Nantes. Il s'en sortira bien. Les animaliers, eux, expulsent les trois gorilles hors de la cuisine et les ramènent dans leur enclos. Prudemment, on a anesthésié Mandie par fléchage.

Bien que normalement pacifiques et végétariens, les gorilles ont une force impressionnante et de longues canines. Il est clair que Mandie aurait pu tuer Sébastien, il ne l'a pas fait. Il lui a juste fait comprendre qu'il n'était pas le bienvenu sur son territoire. Un tel cas est rarissime avec un gorille. Mais des situations analogues se sont produites avec des chimpanzés et les conséquences ont été catastrophiques. Dans deux cas, l'animal s'est acharné sur sa victime humaine. Parfois, des contacts accidentels avec des fauves conduisent à la mort de l'animalier. Je connais personnellement, et malheureusement, trois histoires tragiques de ce genre.

J'ai moi-même frôlé la mort. J'étais au Congo, en septembre 2013. Je devais réaliser des échographies sur un groupe de jeunes femelles chimpanzés. Notre projet était de les anesthésier pour ensuite les examiner. Dès mon arrivée sur l'île, les éco-rangers me conduisent vers le groupe. Il me paraît calme. Je décide de m'approcher discrètement d'une femelle et d'injecter à la main le produit anesthésique. J'y parviens dès ma première tentative. Je suis tellement rapide qu'elle n'a rien remarqué, pensant – j'imagine – qu'il s'agit d'une piqûre d'insecte. Confiant, je tente une seconde injection sur un autre animal. Mais là, je suis vu ! La femelle donne l'alerte. Quatre autres femelles se ruent sur moi et me jettent à terre. Puis elles me frappent et me mordent sur tout le corps. Par réflexe, je me mets en position fœtale et je me protège le visage en espérant que les rangers viendront à mon secours le plus vite possible. L'attente me semble interminable. Heureusement, les rangers arrivent à temps et dispersent le groupe. Mais c'était moins une.

Des rituels pour éviter la violence

Ces incidents ne doivent pas vous induire en erreur. Si l'usage de la violence caractérise tous les êtres vivants, celle des animaux reste le plus souvent symbolique. À la différence des humains, ils détestent la violence inutile. Ils donnent la mort, qui pourrait le nier ? Mais ils la donnent seulement dans trois conditions : quand il s'agit de se nourrir, quand ils sentent une menace sur leur descendance, quand ils doivent défendre leur territoire. Le reste du temps, les comportements des animaux sont réglés par des rituels, des postures ou des comportements qui contrôlent la violence et cherchent à l'éviter.

Dans le cas du gorille et de mon ami Sébastien, les deux se connaissaient bien, mais il y avait entre eux un code tacite : à chacun son territoire. Celui qui l'a enfreint (Sébastien, involontairement) s'est fait donner une leçon. La violence du gorille n'avait pas pour but de tuer mon ami, juste de lui rappeler la règle. Les agressions des fauves ou celle des femelles chimpanzés sont, elles, des réactions d'attaque (les fauves) ou de défense (les chimpanzés) face à un danger. Ces accès de violence peuvent être exacerbés en captivité ou avec des individus psychologiquement instables.

Il faut distinguer deux formes d'agression : l'agressivité intraspécifique d'abord, c'est-à-dire au sein d'une même espèce. En général, les animaux défendent leur territoire contre leurs congénères, ce qui paraît normal puisqu'ils ont la même niche écologique et entrent nécessairement en compétition pour la nourriture et les partenaires sexuels. Les agressions interspécifiques – entre espèces différentes – se produisent quand il y a une compétition alimentaire ou une menace potentielle pour la descendance.

La première frontière, c'est celle du territoire. Les signaux à longue portée, comme les marquages acoustiques et olfactifs, indiquent la présence d'un propriétaire.

En général, ils suffisent à dissuader les éventuels intrus. Si celui-ci insiste et s'invite dans le territoire réservé, des signaux visuels comme des menaces ou des intimidations peuvent le repousser. Enfin, si celui-ci persiste, il y a combat.

Des combats hautement réglementés

Dans la vie sauvage, la violence entre les individus de la même espèce est en général très réglementée. Le parc de la Haute-Touche rassemblait plusieurs espèces de cervidés. Outre la recherche vétérinaire, nous menions un travail universitaire sur la physiologie de la reproduction et sur la reproduction assistée chez les cervidés sauvages : développement des techniques de superovulation, collecte et cryoconservation des gamètes, production *in vitro* d'embryons et transferts embryonnaires. Pendant trois ans, j'en ai vu, des cerfs !

Souvent, à partir de la mi-septembre, nous allions en forêt avec les stagiaires vétérinaires écouter leurs fameux brames. S'approcher doucement d'un cerf et découvrir sa silhouette dans la brume du matin, ou son ombre au crépuscule, a quelque chose de magique. Il étend son cou et surprend avec son cri puissant, guttural et rauque. L'automne est la période du rut. Elle met en concurrence les jeunes cerfs partant à la conquête des femelles et les vieux mâles qui veillent jalousement sur leur harde. Le mâle, par ses brames, avertit les femelles de sa présence. Surtout, il signifie qu'il est prêt à défendre son territoire contre ceux des autres mâles qui oseraient s'y aventurer. Mais si on tend l'oreille, on découvre que tous les brames ne sont pas identiques. Court, bref, rauque : c'est le brame pour se signaler. Long, isolé, mélancolique, c'est le brame de l'attente. Timbre élevé, fort et puissant, c'est le brame du défi. Bramer, pour un cerf, est une manière de dire « je suis présent. Pas besoin de venir, évitons de nous battre ». On assiste souvent à une joute sonore. La confrontation peut se terminer en match nul, sans décider d'aucun vainqueur. On passe alors à un autre niveau, celui du contact physique. On l'appelle parfois *la marche parallèle*. Lors de ce rituel, les rivaux se déplacent côte à côte sur le flanc et se toisent. Souvent, la confrontation s'arrête là, sans heurt et sans blessure, quand un des deux adversaires accepte la défaite. Si personne ne cède, la marche parallèle se prolonge en confrontation physique. Les adversaires se placent alors face à face, croisent lentement leurs bois et se repoussent mutuellement. Tant qu'il n'y a pas de vainqueur, l'engagement se fait de plus en plus intense, augmentant proportionnellement les risques de blessures parfois graves (plaies, bois brisés, yeux crevés, pattes cassées). Un des deux adversaires peut se retirer à tout moment en adoptant une position de soumission avant d'être blessé. Le vainqueur, bien sûr, obtient un accès privilégié aux femelles.

Chez d'autres espèces, les confrontations vocales ne sont pas rares. On les observe chez des insectes comme les criquets, chez de nombreuses grenouilles et, bien sûr, chez les oiseaux chanteurs. L'intensité de la voix est fréquemment corrélée à la taille, aux capacités ou aux motivations des individus. Au parc de la Haute-Touche, nous avions également des lémurs cattas. Chez eux, la confrontation est olfactive. Les adversaires frottent les glandes odorantes de leurs poignets sur leur queue annelée, qu'ils agitent ensuite en direction de l'adversaire.

Tous les animaux n'acceptent pas leur défaite, ce qui débouche inévitablement sur une confrontation physique. Quand j'étais au parc, j'adorais regarder ces séances de lutte, réglées comme des numéros de danse. Sur un grand rocher, juste à l'entrée, les bouquetins des Alpes se dressaient sur leurs pattes postérieures et se cognaient avec la tête de haut en bas.

Les combats entre gnous, eux, se caractérisent par une phase typique au cours de laquelle les rivaux se battent à genoux. Chez les espèces qui chargent leurs congénères, le front s'est développé pour former un bouclier avec la forte assise des cornes, chez le buffle par exemple. Parfois, les cornes des lutteurs sont faites de telle manière qu'elles s'imbriquent dans celles de l'adversaire, comme des fourches. C'est le cas du koudou, une antilope d'Afrique aux cornes torsadées. Ou de l'impala, une autre antilope d'Afrique de l'Est. Les escrimeurs se frappent avec le côté des cornes et la partie médiane de la corne est soumise à un effort particulier. Les cornes sont donc courbes et les bourrelets empêchent le glissement.

L'agressivité et les combats pour s'approprier une femelle prête pour l'accouplement sont d'autant plus importants que la concurrence est rude. Chez les babouins, par exemple, la fréquence des combats augmente quand les femelles sont en chaleur. Mais elle diminue proportionnellement au nombre de femelles en œstrus car le nombre de mâles à même de s'emparer d'une femelle est alors plus grand.

Dans les combats intraspécifiques, le comportement d'attaque se déclenche à la seule vue d'un congénère. Mais l'agression a des particularités qui la distinguent nettement de celle observée dans les combats interspécifiques. Un oryx, par exemple, n'utilise pas ses cornes pour éventrer un congénère, il combat selon des règles très précises. En revanche, il embrochera volontiers un lion de cette manière. La girafe utilise ses petites cornes – et surtout son cou – pour le combat avec un rival, mais elle se sert de son sabot pour se défendre contre les prédateurs. Le *Pomacentrus flavicauda*, un poisson des récifs coralliens, chasse près de trente-huit espèces de son territoire. En revanche, seize autres sont autorisées à y pénétrer. En Asie, le léopard et le tigre occupent presque la même niche écologique. Résultat : lorsqu'un tigre voit un léopard, l'agression est immédiate. De même, en Afrique, les lions qui poursuivent les léopards adoptent vis-à-vis de leur compétiteur une expression tout de suite hostile, pas la face tendue et attentive qui caractérise la lionne chassant sa proie. D'ailleurs, un lion qui agresse un léopard le réduit en pièces, mais ne le dévore pas. Les léopards ont en effet la mauvaise habitude de tuer des lionceaux pour se nourrir.

Les signaux d'apaisement

Sauf dans les épisodes de chasse, le comportement agressif des animaux vise rarement la mort de l'adversaire. À tout moment, un individu dominé peut faire comprendre à son rival qu'il se soumet en adoptant une attitude qui inhibe l'agressivité du dominant. Ces séquences sont particulières à chaque espèce. Chez les chiens et les loups, par exemple, le perdant se met sur le dos et présente son ventre et sa gorge, soit les parties les plus vulnérables de son anatomie. Ce spectacle bloque immédiatement l'attaque de son congénère, qui peut continuer à gronder mais ne mordra pas un individu dans cette posture. De même, les perroquets présentent leur nuque en signal d'apaisement. L'inhibition naturelle va s'apprendre au plus jeune âge, notamment lors des jeux. Si vous observez des chiots jouer entre eux, vous constaterez que lorsque celui qui est mordu couine, cela fait cesser aussitôt la morsure. Le chiot a donc appris très tôt le respect de celui qui se soumet et la manière de faire pour éviter les blessures en adoptant une posture d'apaisement.

Chez les canidés, les signaux d'apaisement se manifestent de plusieurs façons. Par les odeurs (la sécrétion de phéromones), par les sons (couiner ou imiter les cris aigus du chiot pour faire appel à l'inhibition naturelle de l'agresseur), par les postures (museau écrasé, oreilles pendantes, queue entre les jambes, posture sur le dos). Plus insolite : pour marquer son territoire, le mâle hippopotame dominant sort de l'eau et défèque tout en faisant tourbillonner sa queue plate, baptisant ainsi la rive sur plusieurs mètres. Pour entrer dans l'eau, un dominé doit avoir la permission du chef. Rien de plus simple : il lui montre ses fesses et – c'est le protocole – se soulage tout en faisant le ventilateur avec sa queue, histoire de bien barbouiller le dominant. S'il refuse et préfère l'affronter, à l'issue d'un combat souvent sanglant, le vainqueur pulvérisera en signe de victoire ses excréments sur la face du perdant qui devra faire de même. Ce rituel scatophile a un effet apaisant, paraît-il.

Quant au toilettage et à l'épouillage, il est bien connu qu'ils contribuent au marquage des hiérarchies et à la résolution de conflits chez les primates.

Les codes qui visent l'évitement du combat ont parfois quelque chose de surprenant. Dans certaines espèces, les mâles établissent une prise de possession symbolique des femelles courtisées en les marquant de leurs odeurs, établissant ainsi un lien olfactif. Par exemple, les agoutis ou le lièvre de Patagonie approchent leurs femelles en marchant sur les pattes de derrière et les aspergent d'un jet d'urine. Des cérémonies « urinaires » voisines sont également connues chez le cobaye et le lapin.

Chez l'homme, ce blocage de la violence a disparu. Nous pouvons détruire à distance, sans même voir nos victimes. Ce qui rend possible tous les Hiroshima atomiques. En fait, le blocage n'a pas totalement disparu, il a été remplacé par un blocage culturel : l'éthique. Mais l'éthique est relative à l'époque et au contexte culturel. L'éthique est un blocage qui n'a pas la force d'un rituel. Sa dimension reste trop conceptuelle, pas assez émotionnelle.

L'exception qui confirme la règle

Les seuls animaux qui semblent échapper à ces rituels d'évitement de la violence inutile sont les chimpanzés, l'espèce animale la plus proche de l'homme. L'exemple le plus célèbre est la « guerre » (il n'y a pas d'autre mot) qui opposa deux groupes de chimpanzés dans le parc de Gombe, en Tanzanie, entre 1974 et 1978. Le conflit fut décrit par la chercheuse Jane Goodall, qui s'en trouva fortement perturbée.

La guerre s'est déclenchée pour une raison futile, une simple intrusion. Elle a dégénéré en hyperviolence. Car, très vite, elle s'est déconnectée des enjeux classiques (territoriaux, accès aux femelles, etc.) des animaux et s'est transformée en une guerre meurtrière et absurde, qu'il est tentant de comparer aux conflits humains. Rappelons-nous la folie meurtrière de la Première Guerre mondiale, dont l'ampleur était sans commune mesure avec l'événement dramatique, mais local, qui l'a déclenchée (l'assassinat à Sarajevo de l'archiduc François-Ferdinand). En quelques mois, le conflit s'est mis en roue libre, livré à sa seule logique folle. Autre comparaison avec les affrontements humains : la sauvagerie extrême des combats. Tous les mâles d'un des deux groupes ont été tués, les enfants aussi. Trois femelles ont été kidnappées et battues. Jane Goodall écrit dans ses mémoires : « Souvent, quand je me réveillais la nuit, des images horribles jaillissaient spontanément de mon esprit. Satan (un des singes), mains jointes en coupe sous le menton de Sniff en train de boire le sang coulant à flots d'une grande blessure sur son visage ; le vieux Rodolf, d'habitude si doux, debout en train de lancer une pierre sur le corps prostré de God ; Jomeo déchirant une bande de peau de la cuisse de Dé ; Figan, chargeant et frappant, encore et encore, le corps blessé et frémissant de Goliath, un de ses héros d'enfance[1]. »

Les chercheurs, troublés par cette guerre inhabituelle, peu conforme à ce qu'ils croyaient savoir sur les animaux, se demandèrent si elle était due à l'influence

1. Jane Goodall, *Through a window : My Thirty Years with the Chimpanzees of Gombe*, Mariner Boks, 2010.

humaine. Mais d'autres guerres entre chimpanzés, encore plus violentes, se sont déroulées plus tard sur des sites peu fréquentés par l'homme, comme celle qui se déclencha dans le parc national de Kibale, en Ouganda. Le plus surprenant, notent les témoins qui ont assisté de près au déroulement des conflits, est la cruauté presque « sadique » des attaques. Les singes agressaient à plusieurs un ennemi isolé et leur férocité était sans limite. Michael Wilson, anthropologue à l'université du Minnesota, raconte : « Ils arrachent des morceaux de corps, le plus souvent les parties génitales, et parfois ils lui déchirent la gorge. Les dommages qu'ils lui font subir sont vraiment horribles à voir et d'une totale cruauté. » Nous savons que les chimpanzés partagent plus de quatre-vingt-dix-huit pour cent de leur capital génétique avec l'homme. Avec les bonobos, ce sont les grands singes les plus proches de l'espèce humaine. Mais si les bonobos sont une espèce pacifique qui pratique au plus haut point l'art de la réconciliation, les chimpanzés ont, selon Michael Wilson, développé des stratégies de survie hyper-violentes, que l'homme lui-même a prolongées avec le raffinement qu'on sait.

Comme les hommes, les chimpanzés auraient aussi leurs dictateurs. Michael Wilson évoque l'existence, dans le parc de Gombe, de Frodo, un chimpanzé particulièrement agressif, le genre de chimpanzé que les éthologues appellent un « mâle alpha ». Encore plus que ses congénères, il s'est montré sans pitié et a massacré ses ennemis avec une rare sauvagerie. On l'a retrouvé mort en 2013. Un autre singe l'avait mordu aux organes génitaux et sa blessure s'était infectée. Le bourreau des chimpanzés avait reçu sa juste punition.

Un bémol tout de même. Le monde animal est si divers qu'il rend difficile toute généralisation. La violence sans limite existe chez les animaux, on ne peut le nier. Mais ce qu'il faut voir, c'est la dominante. La sagesse des animaux, puisque c'est elle qui nous intéresse, met en position dominante la ritualisation des conflits. Celle-ci multiplie les gestes d'apaisement, qui évitent la violence inutile.

Ces codes d'inhibition de l'agressivité existent aussi chez l'homme. S'ils étaient absents, la vie en société deviendrait vite impossible. Mais la composante culturelle – avec les lois et les règlements – les rend moins spontanés, moins naturels. L'observation de la vie animale montre que dans la nature, la violence est bien la dernière des « solutions ». Il y a tant d'autres façons de régler les problèmes !

4

Ils peuvent être altruistes

Nous sommes en 2005, dans la savane éthiopienne, à cinq cents kilomètres au sud-ouest de la capitale Addis-Abeba. Sept hommes s'en prennent à une petite fille de douze ans. Ils l'ont enlevée et veulent lui faire accepter un mariage forcé avec l'un d'entre eux. Une affaire de harcèlement comme on en voit souvent, en Éthiopie et ailleurs. Alertés par les cris de la jeune fille, trois lions surgissent. Les sept hommes prennent la fuite, abandonnant la petite fille à son sort. Quelques heures après, les rangers la retrouvent, saine et sauve. Il semble que les lions ont monté la garde et l'ont protégée jusqu'à ce que la police en prenne soin. On a du mal à y croire, cela ressemble tellement à un feuilleton télévisé pour enfants ! C'est pourtant vrai. Une des explications avancées serait que les sanglots de la jeune fille se rapprochaient du miaulement d'un lionceau !

Des histoires trop belles pour être vraies ?

Les animaux sont-ils altruistes ? Et le sont-ils seulement pour des individus appartenant à leur espèce ? Ou bien leur altruisme aurait-il une dimension universelle ? Voici un autre exemple, rapporté par le *Daily Mail* : en avril 2014, le Britannique Adam Walker effectue la traversée à la nage du détroit de Cook, en Nouvelle-Zélande. Au bout de quelques heures, il aperçoit la silhouette d'un grand requin blanc venant dans sa direction. Que faire ? Fuir ? Attendre ? La solution surgit, inattendue. Une dizaine de dauphins viennent s'interposer entre lui et le squale, formant une sorte de barrage de protection. Mieux, les dauphins accompagnent sa nage pendant une bonne heure, permettant à Adam Walker d'échapper totalement au prédateur. S'agissait-il d'un jeu pour les dauphins ? Ou ont-ils vraiment voulu protéger le nageur anglais du requin ? Qui peut le dire ?

D'autres exemples de sollicitude animale envers un membre d'une autre espèce peuvent être découverts en vidéo sur YouTube : une tigresse du Bengale nourrissant des porcelets, un léopard adoptant un jeune macaque, un bonobo hissant un oiseau inanimé au sommet d'un arbre pour lui permettre de s'envoler ou un chimpanzé remettant à l'eau un caneton malmené par des jeunes singes.

L'altruisme est certainement une des valeurs clés de notre morale humaine. Depuis plus de deux millénaires, le christianisme a mis, au moins en théorie, le souci de l'autre au premier plan. La charité, la générosité, le sacrifice : les plus fortes de nos valeurs prennent racine dans cette valeur souche qu'est l'altruisme. Alors ? La sagesse spontanée des animaux inclut-elle cette dimension fondamentale du lien social qu'est l'altruisme ?

Une valeur clé de nos sociétés humaines

Avant de proposer une réponse, quelques considérations sur la notion elle-même. J'ai lu avec beaucoup d'intérêt le beau livre de Matthieu Ricard, *Plaidoyer pour l'altruisme*[1]. Il y déploie toutes les facettes de cette notion, bien plus complexe qu'il y paraît. Le mot « altruisme » lui-même est une invention assez récente. Il apparaît pour la première fois sous la plume du philosophe-sociologue Auguste Comte, dans le cadre général de sa philosophie positiviste. Il occupe même une place stratégique dans sa « religion de l'humanité » qui devait se substituer, selon lui, aux morales religieuses traditionnelles. L'altruisme, dans sa conception, avait d'ailleurs un parfum mystique. Il désignait une attitude d'attachement, de bonté, presque de vénération envers autrui. Une religion de l'autre, en quelque sorte.

Aujourd'hui, la notion a évolué. On désigne comme altruistes des actes qui ne procurent pas d'avantages apparents à leur auteur. Selon le Larousse, l'altruisme est un « souci désintéressé du bien d'autrui ». Il est intéressant de noter que, parmi les synonymes du mot altruisme, le célèbre dictionnaire propose également le mot « humanité ». Est-ce donc être humain qu'être altruiste ? Comment, dans ces conditions, caractériser

1. Matthieu Ricard, *Plaidoyer pour l'altruisme*, Pocket, 2015.

ces non-humains que sont les animaux ? Imperméables à l'altruisme, soucieux de leur seul bien-être égoïste ?

C'était le point de vue d'Auguste Comte, qui n'hésitait pas à écrire : « Hors les époques du rut et des soins maternels, un tigre, ou même une tigresse, et, à plus forte raison, un crocodile et un boa, sont entièrement occupés d'eux-mêmes, et retombent dans la torpeur, de corps comme d'esprit, aussitôt que cessent les nécessités individuelles[1]. »

Le jugement est sévère, mais est-il fondé ? Je ne le crois pas. Je pense même que les animaux peuvent nous rappeler à notre humanité en faisant résonner en nous cette dimension – trop facile à oublier – de l'altruisme.

L'altruisme plus fort que la loi du plus fort ?

Il y a une idée que je ne supporte plus. Ce n'est même pas une idée, c'est une caricature : Darwin aurait mis la « loi du plus fort » au cœur de sa théorie de l'évolution. Belle légitimité accordée aux requins des affaires et de la politique ! On se trompe. Darwin n'a jamais dit ça.

Nous avons tous appris en classe de sciences naturelles que l'évolution des espèces est fondée sur la combinaison de trois éléments : les mutations génétiques, la variabilité individuelle et l'adaptation. C'est la capacité d'adaptation d'une mutation ou d'une variation biologique à un environnement donné qui est le moteur

1. Cité par Thomas Dixon, « La science du cerveau et la religion de l'Humanité : Auguste Comte et l'altruisme dans l'Angleterre victorienne », *Revue d'histoire des sciences*, 2012/2.

de la sélection naturelle. Mais le vainqueur n'est pas forcément le plus fort. En bon observateur de la nature, Darwin a constaté qu'il ne suffit pas d'être plus féroce ou plus rapide que son voisin pour assurer sa descendance. Des traits comme la coopération ou la solidarité des individus au sein d'un groupe seraient, eux aussi, des facteurs favorables au regard de la sélection naturelle. En d'autres termes, l'altruisme favoriserait la survie. Et mieux, peut-être, que les grandes dents. Mais de quelle façon ?

C'est le biologiste britannique William Donald Hamilton qui a fourni la réponse avec sa théorie de « la sélection de parentèle ». Ce fut un des premiers à attribuer une origine génétique à l'altruisme des animaux. Cette idée – une détermination biologique, chez les animaux, de ce qui apparaissait comme un comportement moral – parut si étrange à ses collègues biologistes que W. D. Hamilton, très critiqué, fit une dépression et hésita à interrompre sa carrière de scientifique. Il publia néanmoins en 1964 deux articles qui ont renouvelé la théorie de l'évolution. Dans « The general evolution of social behavior » (« L'Évolution générale du comportement social »), il répond à la question : pourquoi existe-t-il des comportements altruistes dans la nature alors que de tels comportements sont « coûteux » et souvent dangereux pour leurs auteurs ? L'explication réside, précisément, dans la notion de sélection de parentèle. À l'intérieur de chaque espèce, les individus privilégient les comportements de coopération avec leurs parents génétiques les plus proches. En se dévouant de manière altruiste (par exemple en aidant leurs congénères, voire en se sacrifiant), les animaux « altruistes » favorisent en réalité la propagation de leurs gènes. Cette règle, qui a été mathématisée, est désormais connue sous le nom de « loi de Hamilton ».

Dès lors, les comportements altruistes de certains animaux semblaient prendre un sens du point de vue évolutif. Il vaut la peine – encore une fois pour propager ses gènes – de donner sa vie pour sauver celle de deux frères ou sœurs ou quatre cousins ou encore huit neveux ou nièces. Certains passereaux, par exemple, émettent des cris d'alarme à l'approche d'un rapace en vol. C'est un cri aigu que l'on retrouve chez les mésanges, les pinsons, les bruants. Certes, l'oiseau qui alerte ses congénères trahit sa présence et s'expose au danger. Mais le sacrifice de l'un fait la prospérité des autres. Dans la publication scientifique *Plos One*, une étude expérimentale menée sur des chimpanzés sauvages d'Ouganda a montré que leurs cris d'alarme ne sont pas adressés à tous. Lancés par le chimpanzé-guetteur qui détecte la présence d'un danger, ils sont adressés en premier lieu aux individus qui partagent le même capital génétique que le lanceur d'alerte. Toujours le souci de mettre ses gènes à l'abri ! Chez les insectes sociaux, ce comportement est poussé à l'extrême. Chez les termites, les guêpes, les abeilles ou les fourmis, la plupart des individus d'une colonie sont des travailleurs stériles qui ne se reproduisent jamais, mais qui consacrent leur vie à la nourriture, aux soins et à la défense de leurs frères ou sœurs.

L'altruisme dont fait preuve la caste ouvrière chez les insectes sociaux est devenu légendaire avec les attaques-suicides sur les agresseurs des nids. L'abeille avec son dard « barbelé » en est un exemple type. À cause de ces barbelés, l'abeille ne peut retirer son dard, qui est donc arraché de son corps en même temps que ses organes vitaux. La mort s'ensuit, mais l'agresseur a (peut-être) été repoussé.

Les limites de l'explication de Hamilton

Même si je la crois juste dans nombre de cas, j'estime que la théorie de W. D. Hamilton a ses limites. Il est vrai que, parfois, les animaux poussent l'altruisme jusqu'au suicide pour protéger leur descendance. Mais, d'autres fois, leur comportement (voir plus bas) pourrait être qualifié d'« égoïste ». Ces qualificatifs sont mal adaptés à une réalité autrement plus complexe. Il se crée dans la nature un équilibre optimal entre les deux comportements. En fait, tout dépend des espèces. La plupart des mammifères ont relativement peu de petits, mais ils consacrent beaucoup d'énergie à la protection de leur progéniture. D'où leur « altruisme ». Chez les poissons, en revanche, le très grand nombre de petits induit un comportement protecteur au périmètre limité, d'où leur « égoïsme ». Tout dépend, encore une fois, de la nature et de la situation des espèces. Il me semble aussi abusif de qualifier d'altruiste un comportement déterminé avant tout par le souci de préserver sa descendance génétique. Pour au moins deux raisons : en premier lieu, les gènes conservés ne seront exactement les mêmes que si l'individu se conserve lui-même. Si les enfants sont conservés, la moitié seulement de ses gènes seront transmis, moins encore pour les parents plus lointains. En second lieu, cet « altruisme » a toutes les apparences d'un égoïsme génétique. Notre conception de l'altruisme véritable est tout autre.

Que disent les philosophes ? Que l'altruisme implique d'abord l'autre. Pas un autre qui ne serait qu'une projection de soi, mais un autre vraiment autre. L'altruisme qualifie une action désintéressée (ce n'est pas le cas de la transmission de ses gènes !), faite volontairement par le sujet pour assurer le bien-être d'un autre que soi. Alexandre Jollien, cité par Matthieu Ricard, donne cette belle description de l'altruisme : « La première qualité de l'amour altruiste, c'est d'être à l'écoute attentive des besoins de l'autre. L'altruisme naît des besoins de l'autre et les rejoint. » Sans doute. Mais reconnaissons aussi qu'il n'est pas toujours facile de déceler ce qu'il y a d'altruiste et d'égoïste dans un comportement.

Altruiste ou égoïste ?

Ce dilemme, je l'ai vécu personnellement. De 1995 à 1996, j'ai été nommé directeur du parc national de Manda, au Tchad. Ma mission était de réhabiliter le parc, mais le projet avait aussi une composante sociale. Nous voulions aider économiquement et socialement les populations locales, construire des dispensaires, créer des emplois. Mais comment qualifier nos motivations ? Agissions-nous par altruisme (pour le profit des populations locales) ou par intérêt (pour le profit du parc) ?

Notre projet pour le parc avait en effet une dimension de protection de la nature qui était difficilement compatible avec le développement économique. Face à une dégradation accélérée du milieu et des ressources, les aires protégées jouent un rôle de tampon écologique et de gardien des paysages. Elles sont aussi d'importants réservoirs de ressources génétiques, animales ou végétales. Mais la création d'une zone protégée conduit souvent au déplacement des populations qui vivent sur ces territoires. Cette situation a provoqué beaucoup d'incompréhension, voire une réaction de révolte liée à un fort sentiment de confiscation des ressources. D'un autre côté, céder ces aires protégées aux paysans n'était pas non plus la bonne solution, elles retrouveraient vite l'état de dégradation que nous avions pour mission de faire cesser. Tiraillés entre les deux motivations, nous ne pouvions qu'accumuler les facteurs d'hostilité avec les populations locales. J'ai essayé malgré tout d'atteindre les objectifs fixés, mais en prenant soin, à chaque étape, d'expliquer mes projets aux chefs de village et de recueillir leurs avis. Ainsi, peu à peu, le projet du parc est devenu le projet de tous, chacun s'est mieux compris. J'évoque cet épisode pour montrer à quel point les deux comportements – altruisme et égoïsme – sont enchevêtrés. Chez l'homme, l'altruisme véritable n'est sans doute pas un mouvement naturel. Depuis que j'ai ouvert les yeux, comme chacun, je vois le monde à ma façon. Les psychanalystes nous ont enseigné que le « péché originel » des humains s'appelait le narcissisme. C'est bien possible. Fort heureusement l'éducation, l'expérience de la vie, ses mésaventures aussi, nous enseignent que le monde ne se modèle pas forcément sur nos désirs. Grandir, progresser, c'est prendre en considération la dimension de l'autre, voir les choses avec ses yeux. Mieux encore, nous mettre à sa place et devenir nous-même l'autre de l'autre. Matthieu Ricard parle, lui, de la capacité pour un sujet d'entrer en résonance affective avec les sentiments d'autrui, de prendre conscience de sa situation, voire de sa souffrance.

Empathie cognitive, empathie affective

Chez les animaux, l'altruisme dont nous parlons s'appelle l'empathie. Dans son ouvrage récent[1], Frans de Waal, le célèbre primatologue néerlandais, a montré l'existence de formes indubitables d'empathie chez les primates, mais aussi chez les rats, les dauphins, les éléphants (qu'on se rappelle ici la petite éléphante Bona, remise sur le chemin de la vie par sa mère adoptive). Encore faut-il distinguer entre l'empathie cognitive, qui est la faculté de comprendre les intentions d'autrui et l'empathie affective, qui implique ce que j'ai appelé, dans un chapitre précédent, le partage des émotions.

L'empathie cognitive s'étudie aujourd'hui dans le cadre de ce que les spécialistes appellent la « théorie de l'esprit » (*Theory of Mind*). En deux mots : il s'agit de savoir si les animaux – les grands singes notamment – perçoivent l'autre (homme, animal, congénère) comme un être pensant, doté d'un vouloir propre. C'est en 1978 que deux psychologues américains, David Premack et Guy Woodruff, publient dans une revue scientifique un article intitulé « Les chimpanzés ont-ils une théorie de l'esprit ? ». Ils montraient qu'une femelle qu'ils avaient longuement étudiée, Sarah, avait la capacité de comprendre les intentions inobservables d'un sujet humain. Inobservables car elles n'étaient nulle part

1. Frans de Waal, *L'Âge de l'empathie*, Actes Sud, 2011.

ailleurs que dans sa tête. Depuis, d'autres expériences ont confirmé leurs premières observations. Nous en reparlerons dans notre chapitre sur la conscience de soi des animaux.

La théorie de l'esprit va au-delà de la simple empathie. Elle désigne la capacité à se représenter le monde de l'autre, alors que l'empathie se limite au partage des sentiments et des émotions. Théorie de l'esprit et empathie sont actuellement des thèmes de recherche majeurs en sciences cognitives. Les progrès importants dans le domaine de l'imagerie cérébrale permettent d'étudier les corrélations entre ces deux concepts, ainsi que leurs bases neuro-anatomiques.

À la Ménagerie, nous n'avons pas réellement conduit d'études sur l'empathie animale, mais nous avons longuement étudié la théorie de l'esprit sur nos orangs-outans. Je dois dire que je n'avais pas besoin d'une expérience pour prouver à quel point ils peuvent être joueurs et calculateurs, capables de se glisser malicieusement dans mon esprit pour anticiper mes intentions. Je le sais depuis longtemps. Je sais aussi que la plupart me détestent. J'incarne pour eux le vétérinaire qui vient les « flécher » avec des piqûres désagréables. Je l'ai bien vu avec ce jeune mâle, Bangui, qui nous arrivait d'un zoo d'Espagne. Je n'avais encore pratiqué aucun examen médical sur lui, mais je sentais déjà sa méfiance, comme si les femelles l'avaient prévenu avec un : « Attention voilà le véto ! » En général, dès que je pénètre dans le couloir, ces dames essaient systématiquement de me cracher dessus. Elles n'ont pourtant aucune raison de m'en vouloir. Aujourd'hui, grâce au *medical training*, nous n'avons plus l'occasion de les flécher. Mais rien n'y fait. Chaque fois, elles essaient de me jouer des tours. Quand j'arrive près de la grille, elles viennent vers moi et tentent de m'attraper. Tamu, notre plus jeune femelle, m'a un jour tendu un bout de fruit. Un cadeau ? C'est ce que j'ai cru au début. Mais quand j'ai approché ma main pour prendre le fruit, elle a essayé, avec son autre main, de m'attraper le doigt. Elle savait que je savais qu'elle essaierait de m'attraper. Mais avec cette petite mise en scène – ce qu'il faut bien appeler une feinte – elle a tenté de me surprendre. Ce genre d'incident est intéressant, il montre bien que j'étais pour Tamu un être pensant dont il fallait déjouer les attentes.

L'empathie et les neurones miroirs

Mais parvenir à « percer » l'esprit de l'autre, comprendre ses intentions n'est que l'aspect cognitif de l'empathie. Pour verser dans l'altruisme au sens fort, l'empathie doit revêtir aussi une dimension plus affective, plus compassionnelle. Les animaux en sont assurément capables. Frans de Waal, pour en revenir à lui, donne l'exemple émouvant (l'observation date de 1979) de chimpanzés réconfortant un de leurs congénères blessé après une attaque de léopard. Ses observations ont confirmé celles, antérieures, de Jane Goodall sur l'empathie des grands singes.

Frans de Waal – il n'est pas le seul – suppose que les neurones miroirs jouent un rôle important dans l'empathie des primates, et plus largement dans celui de tous les animaux sociaux. Les neurones miroirs sont une découverte relativement récente (1997) de la biologie, due à Giacomo Rizzolatti, un neurologue de l'université de Parme. Il s'agit de neurones cérébraux qui s'activent de la même manière lorsqu'un individu, humain ou animal, exécute une action ou lorsqu'il observe un autre individu exécuter la même action, ou même seulement lorsqu'il l'imagine. En d'autres termes : mes neurones miroirs fonctionnent de la même manière quand je réussis une épreuve sportive, quand je vois quelqu'un réussir la même épreuve ou quand je m'imagine réussir cette épreuve.

Pour les chercheurs en neurosciences, les neurones miroirs joueraient un rôle dans l'apprentissage par imitation, mais aussi dans les processus affectifs comme l'empathie. Les neurobiologistes ont établi une carte des neurones miroir. Les régions sous-corticales et temporales seraient liées à la capacité de ressentir les émotions d'autrui (empathie affective), les régions préfrontales à celle de comprendre ses motivations (empathie cognitive) et les régions orbitaires et cingulaires à celle d'y répondre de manière appropriée. Cette explication est sans doute parcellaire, mais elle est certainement fondée. Il y en a une autre : l'empathie chez les animaux aurait également une base hormonale.

L'empathie et l'hormone de l'attachement

Je pense ici à l'ocytocine, l'hormone de l'attachement dont on parle beaucoup depuis quelques années. Il s'agit d'un peptide (c'est-à-dire une petite protéine) synthétisé par l'hypothalamus et sécrété par l'hypophyse lors de l'accouchement, puis de l'allaitement. Son nom signifie d'ailleurs « accouchement rapide » (*ocy* du grec *ôkus* : rapide et *tocine* de *tokos* : accouchement). La vie a trouvé naturellement cette astuce pour attacher durablement le bébé à sa génitrice et assurer sa survie. Mais les sécrétions d'ocytocine débordent largement la situation stricte de l'accouchement, elles interviennent dans tous les cas où existe un attachement fort, quasi fusionnel. Une étude publiée en 2016 dans la revue *Science* sur les campagnols des prairies a révélé le rôle clé joué par l'ocytocine dans les comportements empathiques de cette espèce. Dans cette étude, une série d'expériences a montré que ces rongeurs léchaient et consolaient des congénères exposés à des situations stressantes (comme un isolement) ou à de petits chocs électriques sous les pattes. Le fait de bloquer artificiellement la sécrétion d'ocytocine chez ces rongeurs a interrompu les comportements de consolation et d'entraide, ce qui montre bien que cette hormone joue un rôle important dans l'empathie animale.

Empathie à tous les étages

L'empathie n'est pas seulement présente chez les primates. Les chercheurs qui étudient ou qui travaillent avec les éléphants savent qu'ils sont dotés d'une empathie équivalente à celle des humains, ainsi que de capacités cognitives développées. Les éléphants peuvent en effet en réconforter d'autres, adopter des orphelins (comme j'ai moi-même pu le voir), former des alliances, collaborer pour sortir des petits coincés dans la boue, retirer des lances plantées dans le corps de leurs congénères, etc.

Ce n'est pas tout. Le phénomène de l'empathie, comme je l'ai montré au début de ce chapitre, s'exprime aussi de manière interspécifique, c'est-à-dire qu'il concerne les relations entre des espèces différentes et même entre animaux et humains. Au nord du Kenya, dans le parc national Samburu, une lionne, baptisée Kamaniak, est devenue célèbre après avoir adopté plusieurs bébés oryx. Les lions sont pourtant des carnivores qui apprécient certainement – pour leur repas – les bébés oryx. Mais non, dans ce cas l'instinct maternel a prévalu sur l'intérêt alimentaire.

Selon plusieurs études, l'empathie dériverait de l'instinct maternel. Lorsque des petits expriment une émotion, lorsqu'ils ont faim ou qu'ils sont en danger, la femelle réagit immédiatement pour éviter la mort de sa progéniture. Dans ce sens, il s'agirait d'un comportement plus fréquent chez les femelles que chez les mâles, une vérité qui vaudrait pour l'homme comme pour l'animal. Généralisant ces conclusions, la philosophe-psychologue Carol Gilligan, dont les travaux[1] sont à l'origine de l'éthique de la sollicitude (aux États-Unis la théorie du *care*), estime que la moralité aurait un sexe et que la bienveillance et l'altruisme seraient typiquement des valeurs féminines, fondées sur la protection et la préservation de la vie. Possible, mais attention à ne pas reconduire, sous des allures plus biologico-philosophiques, de très antiques stéréotypes !

Enfin, nous n'avons pas besoin d'aller chercher très loin pour trouver des marques d'empathie chez l'animal,

1. Carol Gilligan, *Une voix différente : Pour une éthique du care*, Flammarion, 2008.

il suffit de regarder nos animaux domestiques. Les chiens et les chats « sentent » quand leurs compagnons humains ne vont pas bien. J'ai vu une vidéo poignante dans laquelle une mère battait durement sa petite fille. À un moment, le chien s'est interposé entre la mère et la jeune fille. Il repousse la mère sans la brusquer et aboie continuellement dans sa direction. À chaque tentative d'agression de la mère, le chien s'interpose. Encore une fois, sans manifester aucune violence. Les exemples de ce genre abondent, chacun a sans doute le sien.

L'empathie, l'altruisme habitent l'animal comme ils habitent l'homme. Nous ne sommes pas, les uns comme les autres, condamnés à la lutte pour la vie. Notre nature est double. Notre faculté compassionnelle cohabite, de manière permanente, avec notre agressivité et notre goût pour la compétition. D'une certaine manière, le Larousse a raison : l'altruisme est synonyme d'humanité, à entendre comme une inclination à la sollicitude.

La différence, c'est que nous avons, nous autres humains, le choix de nous couper de notre humanité. Et parfois, nous le faisons. Jusqu'à Gilles de Rais, au marquis de Sade et aux camps de la mort. Les animaux, eux, ne peuvent se couper de leur animalité, ils restent attachés aux chaînes de l'instinct. On peut le dire autrement : la liberté de l'homme a un prix. Celui, s'il le décide, de choisir le côté sombre de la Force.

5

Ils peuvent être fidèles

Lors d'une mission en Ouganda, en juin 2017, je devais anesthésier un chimpanzé sauvage en pleine forêt. Le malheureux avait été pris dans un piège et sa main était immobilisée dans son fil d'acier. Mais ce mâle, nommé Eliot, était un mâle alpha. Plus gros et plus fort que les autres mâles, c'est lui qui détenait l'autorité sur le groupe. Les premières approches furent progressives. Nous suivions les déplacements d'Eliot et de son groupe. Pour le capturer, nous devions viser le moment juste, celui où il serait seul et pas trop haut perché. L'endormir par fléchage à une trop grande hauteur pourrait en effet le faire tomber et le blesser gravement. Le premier jour, nous avons pisté Eliot sans trop de difficultés. Bientôt, pourtant, il comprend qu'il se passe quelque chose d'anormal. Ma consœur Sabrina Krief, qui étudie les chimpanzés depuis des années, voit bien qu'il se méfie. Il se passe alors quelque chose d'étonnant : les autres mâles, ses « seconds » en quelque sorte, forment un rempart autour de lui. Ils sont là pour le protéger et ils le feront, s'il le faut, jusqu'au péril de leur vie. N'est-ce pas un bel exemple de fidélité ? Même dans les groupes d'animaux les plus modestes, chaque individu sait qu'il a un rôle à tenir. Les lieutenants d'Eliot étaient là pour défendre leur chef, coûte que coûte. Fidèles comme à l'armée.

Napoléon et les chiens

On peut penser ce qu'on veut de Napoléon, on ne peut pas lui enlever son sens psychologique, qui nourrissait d'ailleurs son sens politique. C'est ainsi qu'il disait : « Si vous n'aimez pas les chiens, vous n'aimez pas la fidélité ; vous n'aimez pas qu'on vous soit fidèle, donc vous n'êtes pas fidèle. » L'empereur avait compris que, comme l'altruisme, la fidélité est une des valeurs qui cimentent le mieux les groupes humains. Elle peut prendre, chez l'homme, des formes multiples : la fidélité à la parole donnée, la fidélité conjugale, les engagements contractuels, etc.

Les animaux sont-ils fidèles ? Gardez-vous de répondre trop vite, la réponse n'est pas si simple. On a beaucoup mis en avant la fidélité des chiens. Dans l'*Odyssée*, quand Ulysse retourne à Ithaque après vingt ans d'absence, Argos, son vieux chien, le reconnaît immédiatement. Et pourtant, afin de surprendre ses ennemis – les prétendants qui souhaitaient le remplacer dans le lit de Pénélope – Ulysse s'était habillé en mendiant. Mais son déguisement ne peut abuser Argos, transporté de joie à la vue de son ancien maître. À tel point que le pauvre chien, foudroyé de joie, meurt sur place !

Nous connaissons d'autres histoires semblables, j'y reviendrai. Mais le chien est un cas particulier, ce n'est pas seulement un vieil ami de l'homme, c'est le plus vieux de tous. Les archéologues estiment la première domestication du chien à quinze mille ans avant notre ère, ce qui nous ramène bien loin, jusqu'au Paléolithique supérieur ! Ce vieux compagnonnage a certainement modifié son comportement et ne peut sans doute être généralisé à tous nos amis à quatre pattes. Je reprends donc ma question : les animaux, dans leur grande majorité, sont-ils fidèles ? Je répondrai non et oui.

Infidèles en amour

Le « non » d'abord. Quand on parle de fidélité, on pense souvent à la fidélité conjugale. Désolé de vous décevoir, mais sur ce plan les animaux ne sont guère exemplaires. Chez les mammifères, la monogamie est rare. On la retrouve surtout chez les primates, spécialement chez les gibbons. Ces valeureux restent fermement liés à leur système monogame et se montrent intolérants pour les écarts aux normes. Comme dans toutes les espèces monogames, le mâle et la femelle ont à peu près la même taille et forment des couples stables avec un maximum de quatre à cinq enfants. Mais, je le répète, les gibbons sont une exception.

Prenons cette fois l'exemple des loups. Une légende tenace insiste sur leur fidélité conjugale. Ils auraient un seul et même partenaire tout au long de la vie. La réalité est très différente. Au parc de la Haute-Touche, nous avions deux meutes de loups. J'avais à cette époque une petite chambre dans le parc. Le soir, après le dîner, j'allais les voir. Il m'arrivait même de pénétrer dans leur enclos et de les regarder pendant des heures. On sait que les sociétés de loups sont fortement hiérarchisées. Chaque membre du groupe (de huit à quatorze individus en moyenne) occupe un rang précis dans la meute, chacun doit rester à sa place. Le groupe est dirigé par un couple alpha. C'est le duo de dominants, qui décide de tout. Du départ à la chasse, de la défense du territoire, du partage des proies. C'est aussi le seul couple autorisé à se reproduire… en théorie. Car j'ai observé que, dans les faits, ni le mâle ni la femelle ne sont des exemples de fidélité conjugale ! Là encore, il faut évidemment tenir compte du biais de la captivité. Mais le comportement sexuellement erratique du couple alpha, assez contradictoire avec la forte hiérarchisation du groupe, se vérifie aussi chez les loups en liberté. On observe souvent, par exemple, que d'autres mâles – non alpha – viennent solliciter la femelle alpha dans le dos du mâle alpha. Comme dans les vaudevilles, ils ne renoncent que lorsqu'ils sont découverts. De leur côté, les femelles alpha s'accouplent fréquemment avec un mâle subordonné tandis que le mâle alpha peut se reproduire, lui aussi, avec une femelle subordonnée. Mais dans ce cas, il doit la protéger des agressions de la femelle alpha. Tout n'est donc pas figé dans les alcôves des loups, loin de là !

Des oiseaux opportunistes

Comme beaucoup d'autres oiseaux, les flamants roses offrent l'image romantique d'un couple uni et fidèle, que l'on croyait jusqu'à présent éternel. Oubliez l'image d'Épinal ! En parc zoologique, nous évitons en effet de briser les couples reproducteurs. Mais l'observation montre que l'union des couples de flamants roses ne dure qu'une saison, le temps de l'élevage du jeune. S'ils sont généralement plus unis dans les parcs et les zoos qu'en milieu naturel, c'est en raison de la rareté des partenaires. Cette rareté favorise aussi les appariements entre individus du même sexe. Pour le mâle comme pour la femelle, l'important n'est pas tant de séduire le sexe opposé que de former un couple stable pour élever un petit. Leur parade nuptiale est brève et minimaliste. Quant à l'accouplement cloaque à cloaque, il dure à peine quelques secondes. Chaque individu, mâle et femelle, consacre par la suite tous ses efforts aux soins de la progéniture. Cette forme d'abnégation passe avant l'attachement au partenaire et avant le sexe. On comprend mieux pourquoi les flamants homosexuels éprouvent un désir de paternité, au point de kidnapper les œufs des autres. C'est qu'ils peuvent élever un oisillon sans problème. Le partage des tâches, ils connaissent ! Une petite devinette pour finir : comment font les flamants roses pour retrouver leurs partenaires – ou leurs petits – dans une colonie de milliers d'individus serrés les uns contre les autres ? Réponse : en chantant le même refrain ! C'est ce qu'on appelle une signature sonore, comparable à la chanson fétiche qui préside à la naissance d'un amour. Ainsi, au moment de la parade nuptiale, le mâle chante toujours le même air, afin qu'il soit enregistré par la femelle. En signe d'affection, celle-ci le répète jusqu'à ce que les deux choristes soient synchronisés. Il sera ensuite plus facile de se retrouver dans le brouhaha de la colonie. C'est charmant, c'est même attendrissant. Mais il n'en reste pas moins que la fidélité des flamants roses n'a rien d'éternel.

Les étourneaux, eux, sont des espèces monogames qui vivent en colonie ou en couples isolés dans le creux d'un mur ou d'un arbre. La femelle pond entre cinq à sept œufs, que les partenaires couvent tour à tour. Mais si le mâle vient à mourir, un autre mâle pourra courtiser la femelle. Rien d'extraordinaire à cela, sauf que le prétendant se presse de détruire les œufs issus du mâle défunt pour faire ovuler la femelle et transmettre ses propres gènes.

Bref, la fidélité conjugale semble réservée aux mammifères humains. Peut-être a-t-elle été induite il y a des millions d'années par la prématuration du petit d'homme, consécutive à la généralisation de la bipédie. Il fallait que les bébés naissent prématurés afin que leur cerveau, qui avait grossi, puissent passer par un canal rétréci. Par la suite, la nécessité pour la mère de prendre en charge les soins du bébé pendant de longs mois aurait pu favoriser l'émergence d'une valeur comme la fidélité conjugale, qui serait dans ce sens plus culturelle que naturelle.

De la fidélité à la confiance

Chez l'homme, la fidélité semble inséparable d'une forme de stabilisation, de pérennisation de la relation entre deux êtres conscients. Comment construire une société viable si chacun obéit à son caprice et se comporte d'une manière imprévisible ? Comment coopérer si nous n'avons aucune confiance en nos semblables ? Tout se passe comme si, en faisant le choix de la fidélité, l'homme posait (et imposait) une limite à sa liberté. La fidélité donne à nos comportements le caractère d'un engagement sur le long terme, elle implique un attachement à des devoirs, elle suppose une régularité des comportements qui facilite le lien social.

Si les mammifères ne sont guère des adeptes de la fidélité conjugale, il n'en reste pas moins que leur sagesse repose en grande partie sur le respect strict du rôle que chacun doit tenir dans le groupe, quelles que soient les circonstances et quels que soient les dangers. Je l'ai montré, au début de ce chapitre, avec les lieutenants du chimpanzé Eliot en Ouganda. Mais il y a plus. Les chercheurs de l'institut Max-Planck ont récemment montré que les chimpanzés, comme les humains, peuvent choisir d'établir entre eux un lien de confiance[1]. De là découlerait une forme d'« amitié » entre les individus : « D'un point de vue évolutif, la confiance est quelque chose de difficile à établir, parce qu'elle implique par définition un risque de non-réciprocité et de défection par des tricheurs », expliquent les chercheurs qui ont observé les comportements d'un groupe de chimpanzés kenyans pendant cinq mois. « Une des solutions au problème est de former des liens affectifs forts qui permettent la confiance. » Pour vérifier leur hypothèse, les scientifiques ont mis à l'épreuve l'amitié

1. Leur étude a été publiée dans *Current biology*, le 14 janvier 2016.

des chimpanzés dans le cadre d'un jeu de confiance. Ils ont découvert qu'un individu préfère voir un de ses amis (un congénère avec lequel il a préalablement forgé un lien affectif fort) recevoir une belle gourmandise plutôt que d'accepter lui-même un aliment de moins bonne qualité. Pourquoi ? Parce qu'il espère que son ami partagera plus tard sa gourmandise avec lui, ce qui fera de leur relation une opération gagnant-gagnant. Ce n'est qu'un pari, rien ne certifie à l'avance que le bénéficiaire de la gourmandise ne la gardera pas pour lui. En fait, tout s'est déroulé comme si le chimpanzé avait estimé qu'il pouvait faire confiance à la « parole donnée » de son ami, à la fidélité à ses engagements. Aucun contrat signé, aucun serment prononcé, juste une confiance instinctive envers son partenaire. Elle résulte ici de la certitude que le congénère ne cédera ni à l'arbitraire ni au caprice, qu'il ira jusqu'au partage de la gourmandise, donc qu'il conservera ce minimum de sociabilité qui permet à un groupe de coexister pacifiquement.

Fidèles entre les fidèles

La fidélité cimente aussi les relations entre les animaux et les hommes. Revenons au cas des chiens. Il existe à Édimbourg, en Écosse, un monument dédié à la mémoire de Bobby, un Skye terrier qui refusa de quitter la tombe de son maître inhumé en 1858. Le propriétaire de Bobby était policier et s'appelait John Gray. Le jour de ses funérailles, on vit Bobby en tête du cortège. Après l'enterrement, il disparaît. Mais le lendemain, on le découvre couché sur la tombe de son maître. On le chasse, mais il revient chaque jour. L'histoire était si belle que la municipalité autorisa exceptionnellement Bobby à rester au cimetière. Les habitants du quartier, émus par son comportement, ont facilité la vie de Bobby en lui apportant de la nourriture. Une famille se hasarda un jour à l'adopter, mais Bobby se mit à hurler si fort qu'on lui ouvrit la porte pour qu'il retourne au cimetière. Au total, Bobby a veillé sur la tombe de son maître pendant quatorze ans ! Aujourd'hui, il est enterré à proximité. On peut lire sur sa pierre tombale : « Que sa fidélité et sa dévotion soient un enseignement pour tous. »

Une histoire du même genre s'est produite à Tokyo. Un chien Akita (une race typiquement japonaise), nommé Hachiko, avait pris l'habitude d'accompagner chaque jour son maître, le professeur Hidesaburo Ueno, jusqu'à la gare de Shibuya d'où il partait pour donner des cours à l'université de Tokyo. Le train parti, le chien rentrait chez lui. Mais on le revoyait en fin de journée, quand il revenait seul à la gare pour attendre le retour de son maître. Hachiko est devenu célèbre parce qu'il a conservé cette habitude après la mort du professeur, en 1925. Pendant dix ans, il l'a attendu à la même heure à la gare. Les témoins, qui le voyaient attendre, étaient émus aux larmes. Hachiko est mort en 1935, mais son histoire a tellement touché l'opinion qu'un des accès à la gare a pris son nom et que chaque année un petit groupe d'amis des chiens célèbre l'événement.

La biologie de l'attachement chez les chiens

Nous savons aujourd'hui que la fidélité chez les animaux – et sans doute aussi chez les humains – n'est pas seulement un affect psychologique, elle aurait également un fondement biologique. J'ai évoqué au chapitre précédent le rôle de l'ocytocine, l'hormone de l'attachement. Elle est sécrétée dans toutes les relations où existe un lien fort entre deux êtres, un lien de confiance totale. Justement, des chercheurs japonais ont récemment détecté une augmentation significative d'ocytocine chez les personnes qui caressaient leur chien. À peu près la même quantité que chez une mère caressant son bébé. Pour le démontrer expérimentalement, les biologistes Miho Nagasawa et Takefumi Kikusui (de l'université Azabu au Japon) ont recruté une cinquantaine de propriétaires de chiens qui sont venus au laboratoire avec leur animal. Les chercheurs ont commencé par prélever un échantillon d'urine chez chaque propriétaire. Puis ils ont divisé les volontaires en deux groupes. Les uns devaient éviter de regarder leur chien, les autres pouvaient le faire pendant quelques minutes. Résultat : le taux d'ocytocine a monté chez ceux qui regardaient leur chien et baissé chez les autres. Un simple échange de regard a suffi pour sécréter chez l'homme l'hormone de l'attachement. Étonnez-vous, après, que la fidélité soit la valeur la plus appréciée chez les chiens !

Ce n'est pas tout. Des investigations[1] réalisées au moyen d'un système d'imagerie IRM ont démontré que

1. Dans le cadre d'une recherche internationale baptisée *The Dog Project*.

l'odeur d'un être humain familier active dans le cerveau du chien des systèmes de récompense au niveau d'une région cérébrale appelée le *striatum ventral*, associée à des émotions positives. Enfin, l'amour du chien pour son maître est fortement individualisé, il ne s'offre pas à la cantonade. Le chien aurait la faculté neuronale de traiter l'apparence faciale et la voix des humains, ce qui lui permet de reconnaître son maître ou sa maîtresse entre tous les hommes ou toutes les femmes. Tout semble donc réuni pour que la fidélité soit leur vertu cardinale, d'autant qu'elle est fortement valorisée par leurs compagnons humains, toujours touchés par cette forme d'élection.

II
LA POLITIQUE DES ANIMAUX

1

Ils nous apprennent à coopérer

Les animaux ont intégré dans leur sagesse cette donnée de base : nous ne sommes pas seuls, nous ne pouvons pas vivre seuls. Chez eux, la coopération existe partout. Un exemple : bien avant les humains, les animaux ont inventé les crèches. Chez les flamants roses, la concentration et la synchronisation des naissances ont favorisé la mise en place d'un système de garde collective des jeunes. Les parents peuvent s'en aller chercher de la nourriture pendant que leur enfant unique (c'est la règle chez eux) reste sous la surveillance des nounous.

Chez les lions, le lien qui unit les femelles est très puissant. Elles aiment dormir ensemble, chasser ensemble, se toiletter mutuellement. Si une lionne devient inapte à la chasse, soit parce qu'elle est trop vieille, soit parce qu'elle est malade, elle aura toujours sa part de nourriture et sera attendue par ses compagnes lors des déplacements.

La coopération s'étend jusqu'au comportement maternel. Les chaleurs et les naissances étant chez elles aussi synchronisées, les lionceaux de la troupe ont à peu près tous le même âge. Les crèches s'organisent naturellement pour assurer la protection des petits et leur éducation collective. Les lionnes allaitent leurs propres lionceaux, mais aussi ceux des lionnes parties à la chasse. En cas de besoin, un jeune orphelin trouvera toujours une ou plusieurs marraines.

En regard, que se passe-t-il chez les humains ? Selon un récent sondage de l'Insee, le nombre des personnes seules, en ville ou à la campagne, a encore progressé en France. Par quels chemins détournés de la culture l'humanité est-elle passée pour avoir encouragé certaines personnes à choisir ce moyen si peu naturel de vivre sa vie : la vivre seul(e) ? Je ne porte pas ici un jugement moral, je me borne à comparer avec les animaux. Si certains animaux sont dits « solitaires », ils rechercheront au moins une fois dans leur vie la présence d'un congénère, ne serait-ce que pour se reproduire. Fondamentalement, les animaux n'aiment pas la solitude.

Coopération à tous les étages

Beaucoup d'espèces animales coopèrent pour chercher de la nourriture. Une hyène seule, par exemple, ne peut se mesurer à un lion. Mais plusieurs arrivent parfaitement à l'éloigner d'une appétissante carcasse. Quand les loups partent à la chasse, chaque individu sait précisément quel rôle il doit tenir. Cette bonne organisation de la meute est très efficace pour capturer les proies les plus rapides. Les orques chassent parfois en coopération avec des phoques, des otaries et même des dauphins et des baleines. Les dauphins, eux aussi, coopèrent pour chasser. Lorsque l'un d'eux repère un banc de poissons, il avertit le reste du groupe qui encercle les proies et les contraint à se rassembler vers la surface. Une fois les poissons pris au piège – et affolés – les dauphins n'ont plus qu'à traverser le banc, chacun à leur tour, en ouvrant une large gueule. Dans quelques cas, les dauphins peuvent s'associer aux thons et même aux requins pour des séances de chasse communes.

Pour avaler plus facilement leurs proies, les crocodiles du Nil doivent la déchiqueter. Pour cela, ils la saisissent avec leurs crocs et tournent sur eux-mêmes jusqu'à ce que le morceau se détache tout seul. Mais lorsque la proie est trop petite et tourne en même temps qu'eux, ils font appel à un ou plusieurs congénères pour la maintenir. Chaque individu consomme ensuite le morceau qui reste dans sa gueule. Chez les crocodiles, la coopération existe aussi dans d'autres activités, comme la pêche. Au printemps, lorsque les rivières montent, les jeunes crocodiles se regroupent pour former une sorte de demi-cercle à l'entrée des petits bras de rivière. Ils bloquent ainsi les poissons, qu'ils happent plus facilement. Chacun reste à sa place sans rechigner, ce qui rend cette technique de pêche très efficace.

La coopération animale ne se limite pas à la recherche de nourriture, loin de là. Les mammifères qui vivent en troupeaux coopèrent pour se protéger des prédateurs. Dans la nature, un prédateur s'attaque rarement à un individu bien intégré dans un groupe cohérent. Les cailles, par exemple, se rassemblent en cercle pour la nuit. Elles se protègent ainsi du froid et des animaux dangereux. Elles maintiennent leurs têtes à l'extérieur du cercle et détectent ainsi le danger à trois cent soixante degrés. Dès que l'alerte survient, le groupe entier prend son envol.

Chez les suricates, la surveillance collective se répartit selon des tours de garde. Les uns assurent la garde, tandis que les autres partent en quête de nourriture. La coopération est vitale aussi pour les flamants roses, qui vivent en grandes colonies sur des lagunes ou des étangs d'eau salée peu profonds. Plus ils sont nombreux, mieux ils survivent. Ils mangent ensemble, nichent ensemble, migrent ensemble et paradent ensemble. Leurs colonies atteignent facilement plusieurs milliers d'individus.

Le record absolu est détenu par le flamant nain. Sur les lacs de la vallée du rift, en Afrique de l'Est, on observe parfois des rassemblements de deux millions de flamants ! Leur société n'est pas hiérarchisée. Ils vivent en couple et chacun d'entre eux tire avantage de la présence des autres. Leur nombre leur donne plus de chances, en cas de danger, d'être alertés par des congénères. À la Ménagerie, nous avons un superbe groupe de flamants roses. Il est fréquent, le matin, de les découvrir tous endormis. Lorsque je passe à côté d'eux, il y a toujours un flamant qui se réveille. Il lance aussitôt un petit cri et il alerte le groupe entier. Tous, alors, me regardent. Et je m'éclipse discrètement !

La coopération chez les animaux s'étend à l'assistance aux malades ou aux blessés. Dans le parc national de Taï, en Côte d'Ivoire, des chimpanzés ont été observés léchant le sang de congénères attaqués par des prédateurs. Parfois, ils ralentissent l'allure afin de permettre aux blessés de suivre le groupe. Dans la même communauté, on a constaté plusieurs cas d'adoption d'orphelins par des femelles adultes, mais aussi par des mâles.

Coopération naturelle et coopération contractuelle

Je n'ai cité ici que quelques exemples observés chez les espèces sociales. Il faut noter aussi que, chez les animaux, les comportements coopératifs peuvent être simples ou complexes, naturels ou contractuels.

La coopération « naturelle » découle de l'organisation sociale spontanée d'une société animale. Une crèche collective chez les otaries, chez les lions ou chez les flamants roses se construit naturellement, elle n'a pas été préméditée. Mais la coopération la plus intéressante, celle qui intéresse le plus les éthologues, est l'association de deux êtres vivants tirant un bénéfice commun d'une relation non obligatoire. Je la dis « non obligatoire », car chaque associé peut vivre séparément. Ce type de coopération est passionnant à étudier pour les éthologues, car il implique d'importantes facultés cognitives. Il nécessite d'abord, pour chacun, une analyse des données et du contexte. Cette analyse, il faut ensuite la communiquer au partenaire. Il leur faut enfin se coordonner de manière à aboutir à une action commune orientée vers un même but.

Comment les animaux procèdent-ils ? Quelques réponses sont venues de l'observation expérimentale des primates, des corvidés et des éléphants. On a observé par exemple que les éléphants peuvent apprendre à coordonner leurs efforts avec un partenaire dans une tâche nécessitant deux individus tirant simultanément les deux extrémités d'une même corde pour obtenir une récompense. Non seulement les éléphants ont agi ensemble, mais ils ont attendu jusqu'à 45 secondes l'arrivée d'un partenaire avant de tirer. Ils ont compris que tirer la corde ne présentait aucun intérêt si le partenaire n'y avait pas accès.

À l'inverse, dans le monde humain, j'ai vu des ONG supposées travailler ensemble pour la conservation des espèces en voie de disparition... se faire des coups bas ! Bien sûr, la concurrence a ses côtés positifs, elle peut nous stimuler et nous aider à avancer. Mais comme dirait un auteur qui m'est cher[1] : « La concurrence est un alcaloïde ; à dose modérée, c'est un excitant ; à dose massive, un poison. » À quoi répond aussi ce proverbe africain : « Seul on va plus vite, ensemble on va plus loin. »

Les égoïstes et les tricheurs

Dans son livre sur l'intelligence animale[2], Emmanuelle Pouydebat, ma collègue au Muséum, rappelle que les bénéfices de la coopération existent, mais qu'ils sont fragiles. L'équilibre peut rapidement être rompu. Un tricheur – elle utilise, elle, le terme d'« égoïste » – peut réussir à lui seul à le briser. Imaginons en effet un individu qui voudrait profiter du système. Il engrangerait

1. Auguste Detœuf, polytechnicien, industriel et essayiste français.
2. Emmanuelle Pouydebat, *L'Intelligence animale,* Odile Jacob, 2017.

à son seul profit les dividendes de l'action collective. À court terme, cela ne va pas changer grand-chose. Mais au fil du temps, il accumule les bénéfices. Il vivra peut-être mieux, plus longtemps, aura une descendance plus nombreuse, en influencera d'autres qui feront la même chose. Progressivement, la coopération s'enraye et s'interrompt, c'est la société entière qui se grippe. Comme tout le monde en subira les conséquences, l'égoïste et ses descendants ne seront pas plus épargnés que les autres.

Le processus est identique chez les animaux et les hommes, mais on le retrouve surtout dans les sociétés humaines. Car (liberté chérie) nous pouvons, nous, décider délibérément de jouer les égoïstes, de fausser le jeu social. Pour y parer, nous avons embrigadé des prêtres et des moralistes, lesquels nous rappellent régulièrement quelques grands principes : le respect de la parole donnée, l'adéquation de mon action à l'intérêt général (qu'arriverait-il si tout le monde en faisait autant ?), l'éthique de responsabilité, etc. Ces règles et ces prescriptions ont leur efficacité, mais pas à cent pour cent. Les égoïstes, souvent très malins (l'égoïsme est une redoutable école d'ingéniosité), parviennent couramment à tirer leur épingle du jeu.

À la différence des humains, les animaux n'ont pas besoin de prescripteurs pour leur rappeler tout l'intérêt de la coopération. Ils coopèrent parce qu'ils ont compris, pour ainsi dire spontanément, qu'il est vital de coopérer et que le bonheur d'un seul peut faire le malheur de tous.

Les intelligences collectives

Le sommet de la coopération dans le monde animal est atteint chez les insectes sociaux. On parle pour eux d'espèces *eusociales,* ce terme désignant des collectivités divisées en individus fertiles et non fertiles, les sujets stériles ayant la charge de nourrir et d'entretenir les organismes reproducteurs. C'est le cas chez les abeilles, les bourdons, les fourmis, les frelons, les guêpes, les termites, etc. Chacun, dans ces vastes ensembles, travaille non pour lui-même, mais pour la collectivité.

Ce dévouement à la collectivité n'est pas réservé aux insectes. On le retrouve chez les pingouins, par exemple, qui se réunissent en groupe sur la banquise pour résister au froid, ou chez des animaux migrateurs comme les baleines, les saumons, les anguilles, les gnous. Dans tous les cas, il semble qu'une intelligence collective prenne possession du groupe et guide chacun de ses membres, parfois jusqu'au sacrifice de sa vie. Instruits que nous sommes par notre histoire récente, de tels comportements pourraient nous effrayer. Attention pourtant à ne pas céder aux tentations de l'anthropomorphisme. L'intelligence collective des animaux est-elle équivalente à nos malheureuses expériences de collectivisme humain ? Ou les animaux ont-ils inventé, d'une certaine manière, des intelligences collectives « heureuses » ?

L'intelligence en essaim

Il se trouve que cette question de l'intelligence collective a beaucoup intéressé les chercheurs en robotique et en intelligence artificielle. En s'inspirant des sociétés d'insectes, ils ont mis au point des simulations informatiques qu'ils ont fait tourner sur leurs ordinateurs. Ils appellent cela « l'intelligence en essaim ».

Soit par exemple une zone, sur l'écran, intitulée le « nid ». Autour, cinq ou six zones intitulées « nourriture ». Les fourmis informatiques, quant à elles, sont des petits rectangles orange. Chacun de ces rectangles est programmé pour obéir à quelques règles simples, mais chacun possède aussi un degré de liberté, aucun ne décide pour tous les autres. Question : comment les fourmis informatiques parviendront-elles à tracer les bons chemins (c'est-à-dire les plus courts) menant des zones de nourriture au nid ? On lance la simulation. Au bout de quelques minutes de frétillement informatique, le résultat (les itinéraires qui se dessinent) émerge spontanément des interactions des pseudo-fourmis, comme s'il était obtenu par une intelligence collective.

Je ne commenterai pas la simulation informatique, ce n'est pas mon domaine. Je dirai simplement que c'est exactement ce qu'on observe dans une fourmilière. Chaque fourmi n'a qu'une perception partielle du fonctionnement de la collectivité. Ensemble, pourtant, elles peuvent accomplir des tâches très complexes.

Comme dans les simulations informatiques, l'intelligence des sociétés de fourmis est décentralisée, elle est répartie sur le groupe entier. La reine, par exemple, ne joue aucun rôle dans l'organisation de la colonie, elle se contente de pondre. L'intelligence collective résulte d'une coordination spontanée des individus entre eux, sans qu'il y ait nécessité de communiquer. Pour prendre un exemple très simple : la trace laissée dans l'environnement par une fourmi A stimule une fourmi B à réaliser une action en chaîne. Quand elle découvre une source de nourriture, elle sécrète des phéromones attractives pour les autres fourmis qui en déposeront à leur tour afin de guider la colonie vers cette source. Plus il y aura de phéromones, plus la piste sera facile à suivre. Chaque fourmi, finalement, réalise une série d'actes très simples et très peu variés. Mais, grâce à ce réseau complexe d'interactions, la fourmilière devient un organisme intelligent capable des réalisations les plus impressionnantes.

Ce qui vaut pour la recherche de nourriture vaut aussi pour la guerre, quand il s'agit d'attaquer une autre fourmilière. Ainsi, les fourmis esclavagistes d'Amazonie peuvent déployer jusqu'à trois mille soldats sur le terrain, lors de leurs razzias dans les autres fourmilières. Les fourmis dites « ninjas pillardes » *(Temnothorax pilagens)* sont capables, elles, de réduire leurs cousines en esclavage en usant de techniques d'infiltration dignes des meilleurs films d'action. Grâce à leur petite taille, les pillardes se faufilent en employant un camouflage chimique qui empêche leurs proies de les reconnaître comme des ennemies. Il arrive parfois que les intruses soient démasquées. Dans ce cas, elles utilisent leur dard avec une grande précision pour provoquer une paralysie immédiate, suivie d'une mort rapide. Le taux de mortalité peut atteindre les cent pour cent dans les colonies attaquées, avec des pertes quasi nulles chez les pillardes.

Les fourmis et les insectes sociaux ont donc un mode de vie intensément coopératif. Le plus impressionnant est sans doute leurs réactions synchrones face à une attaque. Une étude publiée dans *Plos One* montre comment, en cas d'attaque, les *Temnothorax albipennis* (des fourmis européennes) réagissent comme un super-organisme. Chacune se comporte différemment, mais d'une manière spécifique, compte tenu de son emplacement et de sa coordination avec toutes les autres fourmis. Les auteurs de l'étude parlent même d'une « conscience de groupe ». La chose paraît encore plus étonnante quand on songe que des comportements si complexes ont été mis au point par des créatures dont le cerveau ne compte qu'environ cent mille neurones contre quatre-vingt-six milliards pour un cerveau humain !

La leçon que j'en tire ? Dans une collectivité, quelle que soit sa taille, chacun a son importance. L'individu n'est pas un pion, c'est un partenaire. Sans l'individu, la collectivité n'existe pas. Sans la collectivité, l'individu est démuni. Aucun membre de la collectivité n'a besoin de tout comprendre, de tout savoir. Qui le pourrait, même dans une collectivité humaine ? C'est l'union coordonnée des forces qui fait le miracle.

De la « personnalité » des fourmis

On l'aura remarqué, j'ai utilisé le mot « individu » en parlant des fourmis. Je l'ai fait sciemment. En effet, à force de nous émerveiller devant l'organisation et la mécanique bien réglée d'une fourmilière ou d'une ruche, nous finissons par considérer les fourmis comme des clones indifférenciés, nous oublions leur personnalité. Là, vous faites les yeux ronds. Est-il bien en train de nous parler de la « personnalité » des fourmis ? Serait-il devenu fou ?

N'ayez aucune inquiétude, je suis (encore) sain d'esprit. Et ma passion pour les animaux reste raisonnable. Mais je crois fermement que nous sommes à l'aube de grandes découvertes dans les sciences comportementales. Il est acquis aujourd'hui, pour les spécialistes du comportement animal, que chaque chien ou chaque chat, chaque cheval, chaque éléphant possède sa personnalité propre. Même chez les requins, on trouve des timides et des audacieux. La chose vaut aussi pour les espèces eusociales. Un individu eusocial n'est pas seulement un membre anonyme d'une structure ultra-organisée, il a aussi une individualité. Certaines fourmis peuvent adopter une attitude « extravertie » et dynamique, d'autres un tempérament plus discret, voire craintif. Certaines seront protectrices et aux petits soins pour leurs larves, d'autres seront carrément négligentes. Tel est le constat[1].

Dans notre monde humain, ce sont les expériences de l'enfance qui dessinent très tôt notre caractère et façonnent notre personnalité. Mais comment se forge le « caractère » d'une fourmi ou d'une abeille ? On commence à le savoir. Savez-vous ce qu'est la *trophallaxie* ? C'est ainsi que les fourmis ou les guêpes peuvent se transmettre de la nourriture par la bouche, par régurgitation. Il faut savoir que les fourmis ouvrières, ainsi

1. Voir à ce sujet l'étude publiée dans *Behavorial ecology* (2015) de Raphaël Boulay, chercheur à l'Institut de recherche sur la biologie de l'insecte.

que les abeilles et les guêpes ouvrières, ont deux estomacs : le premier est un estomac individuel, destiné à la digestion de l'insecte lui-même. Le second estomac, qu'on appelle le « jabot social », contient de la nourriture prédigérée, qui permet aux ouvrières de nourrir d'autres insectes de la colonie, particulièrement les larves dont elles ont la charge. Les observations ont aussi montré que la nourriture contenue dans l'estomac « social » des fourmis ouvrières est riche en hormones de croissance. C'est un détail important. Car les larves qui ont reçu davantage d'hormones de croissance ont deux fois plus de chances d'atteindre l'âge adulte avec des tailles plus grandes. On a constaté aussi que les protéines présentes dans le fluide communiqué en bouche-à-bouche par trophallaxie changent selon les rangs sociaux dévolus aux larves.

Bref, le monde des insectes eusociaux n'est pas un monde peuplé de petits soldats de plomb semblables les uns aux autres. L'individualité de chaque adulte a été conditionnée par la manière dont la larve qu'il fut a été nourrie et par le statut social qu'on lui a destiné : grande et forte, une larve sera une fourmi soldat. Moins bien nourrie, ce sera une ouvrière. Prenez en compte aussi toute la palette des comportements et des « caractères » induits par les protéines contenues dans la nourriture qu'on leur fait ingérer, et qu'il nous reste à découvrir. Sans entrer dans le détail, il nous suffit de retenir que nous avons là une forme de conditionnement, je dirais presque une « éducation » des larves qui façonne la personnalité et le destin de chaque individu de la ruche ou de la fourmilière.

Les fourmis, les guêpes, les termites, ne sont donc pas des clones. Chaque individu, différent de chaque autre, participe à construire l'ensemble et à lui donner son caractère. Chaque ensemble lui-même, chaque termitière, chaque fourmilière a sa singularité, son odeur. Chacune est faite de l'addition de centaines de milliers d'individus, avec leurs particularités. C'est en prenant en compte les individualités de chacun que se forge la personnalité du groupe. Je trouve que c'est une belle leçon, à la fois d'humilité (chacun a sa place dans l'ensemble) et de fierté (chacun est différent, chacun participe à la marche et à la marque de l'ensemble).

Descartes, notre cher Descartes, se trompait donc doublement. Les animaux ne sont pas des machines, monsieur le philosophe. Mais en plus, de votre chien familier jusqu'à la fourmi qui ramasse les miettes de votre repas, chacun a sa petite personnalité !

2

Ils nous aident à coexister

Quand je me promène dans une forêt tropicale, en Amérique centrale par exemple, il m'arrive de contempler les spectacles des espèces qui coexistent sur un seul arbre. Juste au-dessus des racines, plusieurs colonies de fourmis, issues de nids différents, vaquent à leurs occupations. Plus haut, j'aperçois des dizaines de grenouilles qui sympathisent avec des paresseux et des saïmiris, ces petits singes qu'on appelle aussi des singes-écureuils. Je pourrais continuer longtemps en déclinant toutes les espèces qui se croisent jusqu'au sommet de l'arbre. L'ensemble est enguirlandé par des centaines – voire des milliers – d'oiseaux d'espèces différentes. Bien sûr, il y a des accrochages. On se repousse, on se blesse, parfois même on se tue. Mais pas tant que ça. Le plus souvent, on coexiste.

En réalité, le théâtre du monde animal est fait comme tous les théâtres. Il y a les acteurs, les différentes espèces d'animaux. Ils se croisent dans un décor, un territoire. Et sur ce territoire, il y a des ressources, toujours trop rares. Comment va-t-on faire pour que la pièce de théâtre ne se transforme pas en tragédie ?

Qu'est-ce qu'un domaine vital ?

La plupart des animaux restent attachés, toute leur vie durant, à un lieu particulier. Le plus souvent, il s'agit de celui où ils sont nés. Cette zone devient leur domaine vital. Cette notion est distincte de celle de territoire. L'animal ne considère pas son domaine vital comme une propriété à défendre contre ses congénères, il le partage au contraire avec une mosaïque d'espèces animales et végétales différentes. C'est ainsi qu'il trouve son optimum de vie : dans un écosystème équilibré, avec d'autres êtres vivants.

Qu'est-ce qu'un écosystème ? C'est un ensemble formé par un groupe d'êtres vivants avec son environnement naturel. On le dira en équilibre tant qu'il n'a pas été perturbé par une cause extérieure. On peut le montrer sur un exemple, celui de l'abattage des loups. Il s'agit, je le sais, d'un sujet sensible. Les loups restent, dans l'imaginaire collectif – celui, surtout, des éleveurs et des chasseurs – des créatures hostiles. Ils sont pourtant des maillons indispensables à l'équilibre d'un écosystème. Voyez les conséquences dramatiques de l'élimination des loups dans le parc national de Yellowstone, en Californie. Pendant près de soixante-dix ans, en l'absence de prédateurs, les cerfs ont proliféré de manière incontrôlable. L'explosion des cervidés a provoqué un appauvrissement important de la végétation et une foule de conséquences négatives qui ont touché jusqu'aux rivières. Lorsque les loups furent réintroduits en 1995, l'écosystème s'est littéralement réveillé. Le comportement des cerfs a changé, leur population a diminué et la nature a retrouvé son équilibre. L'expérience des loups de Yellowstone démontre que les écosystèmes reposent sur des équilibres précaires où chaque individu – même les prédateurs – a une fonction qui lui est naturellement attribuée.

En France, le prétexte principal de l'abattage des renards est probablement la diminution du gibier aviaire de plaine (comme les perdrix ou les faisans), malgré le lâcher annuel de vingt millions d'oiseaux de repeuplement. C'est d'ailleurs assez illogique, car on lâche aussi ces oiseaux pour satisfaire les chasseurs ! Le renard, lui, est toujours classé comme un animal « nuisible » alors qu'il commet peu de dégâts. En 2016, les naturalistes ont néanmoins obtenu qu'il soit classé comme « susceptible d'occasionner des dégâts ». Le seul argument valable pour la chasse au renard est qu'il peut être porteur de zoonoses, des maladies transmissibles à l'homme. Je ne parle pas de la rage, qui a disparu en France depuis 1998, mais de l'échinococcose. Elle est due à un ver plat qui se développe dans le foie et peut occasionner des troubles graves. Faut-il pour autant éliminer tous les renards ? Car la réalité est contrastée. Selon plusieurs études, le renard pourrait nous épargner la maladie de Lyme, autrement plus fréquente que l'échinococcose. Le mécanisme est le suivant : à l'état larvaire, les tiques se nourrissent du sang des organismes les plus faciles d'accès. Les rongeurs sont une proie idéale, car ils évoluent près du sol. Mais ils sont souvent porteurs d'infections (comme la bactérie *Borrelia burgdorferi*, responsable de la maladie de Lyme), qu'ils transmettent à la tique. Celle-ci contamine ensuite les organismes auxquels elle s'accroche, dont l'homme. Or les renards réduisent le nombre des rongeurs, donc les vecteurs d'infections. Les fouines jouent le même rôle dans l'écosystème. Conséquence : les chercheurs ont observé une baisse significative – jusqu'à vingt fois moins ! – du nombre des tiques infectées dans les zones denses en renards et en fouines. La raison en est simple : les rongeurs, qui ont peur des renards, se déplacent moins et se cachent, ce qui limite leurs possibilités de rencontrer des tiques. Inutile de multiplier les exemples, on comprend facilement qu'un écosystème est un équilibre délicat qu'on ne perturbe pas sans risquer de gros dégâts.

L'harmonie d'un domaine vital résulte donc d'une juste balance entre les espèces vivantes et leur milieu. Mais elle implique aussi un bon équilibre entre les espèces vivantes elles-mêmes. C'est le second terme de notre équation : la coexistence pacifique des territoires

À chacun son territoire

Chaque animal possède son territoire, une portion d'espace marquée de différents signaux : olfactifs, acoustiques ou visuels. Ces signaux ou ces marquages ont une fonction importante : ils permettent d'éviter les conflits. Le chant des oiseaux, par exemple, est un marquage acoustique. Il en existe bien d'autres. Les grenouilles, elles, signalent leur propriété par le coassement. Les sauterelles ou les grillons stridulent, c'est-à-dire qu'ils émettent des sons aigus en frottant certains organes l'un contre l'autre. Les alligators poussent des sortes de rugissements-beuglements. Les singes hurleurs produisent une cacophonie de hurlements dès qu'un autre groupe de singes s'approche de leur territoire. Les cris sont alors repris dans les deux camps, déclenchant une véritable bataille vocale qui s'enrichit encore du glapissement des femelles ! Cet affrontement sonore ne prend fin que lorsqu'un des deux groupes cède le terrain à l'autre. Dans le cas général, l'occupant légitime conserve l'avantage de la situation.

Des rivalités moins durables, mais tout aussi bruyantes, se produisent chez les siamangs et les gibbons, qui hurlent quand une bande rivale a l'audace de pénétrer dans leur domaine. Cette signalisation vocale sert de tampon et permet d'éviter des combats trop violents en garantissant une distance optimale entre les bandes. On retrouve ces chœurs chez les loups, dont les vocalises conditionnent les distances à maintenir entre les bandes. Tous les propriétaires de chiens savent à quel point leurs toutous, aussi petits soient-ils, maîtrisent les salves d'aboiements propres à décourager les intrus qui s'aventurent sur leur territoire. Les avertissements acoustiques ont l'avantage de porter sur des distances considérables, ils évitent aux animaux de dépenser inutilement leur énergie en diminuant le nombre et la fréquence des patrouilles.

Le marquage territorial peut aussi être visuel, il suffit alors à l'animal de se montrer. C'est le cas de la girafe, qui présente l'avantage d'être vue de loin. Certains primates exhibent des organes génitaux vivement colorés. Chez le rouge-gorge, le marquage utilise deux types de signaux : l'un acoustique, le chant, l'autre visuel, les plumes rouges du plastron ventral. Quand l'habitat offre une bonne visibilité, les marquages visuels sont particulièrement élaborés. Une antilope ou un gnou, par exemple, possèdent au moins *trente* figures de marquage visuel : exécuter des cabrioles, bondir, fouiller le sol avec les cornes, frapper du pied, hocher la tête, etc.

Le marquage olfactif du territoire existe surtout chez les mammifères. Les individus déposent leurs signaux odorants sur tout le pourtour de leur territoire. Blaireaux, martes, fouines effectuent ce marquage au moyen de sécrétions de glandes placées sous la queue. Les antilopes marquent bois, tiges, feuilles avec les sécrétions de leurs glandes pré-orbitales. C'est le cas aussi de nombreux ongulés. Les rats et les souris – comme beaucoup d'autres espèces – utilisent l'urine. Plusieurs sortes de lémuriens urinent sur leurs mains, puis les frottent sur la plante de leurs pieds, ce qui permet le marquage des frontières. Les hyènes tachetées déposent des mottes d'excréments autour de leurs proies pour en interdire l'accès à leurs congénères.

Toutes ces marques de propriété permettent aussi à l'animal de s'orienter plus aisément à l'intérieur de son propre territoire. Comme les substances odorantes ont tendance à s'évaporer, les animaux doivent procéder régulièrement à un re-marquage. Chez les chevreuils, par exemple, les frontières sont marquées quotidiennement, parfois jusqu'à trois fois par jour ! Même s'il se révèle coûteux en temps, le système de la territorialité régule avec efficacité la coexistence pacifique des sociétés animales. Il réduit le temps consacré aux combats et dégage du temps libre pour d'autres activités. Il est piquant de songer qu'il a fallu aux humains, au plus fort de la guerre froide, inventer « l'équilibre de la terreur » pour découvrir les vertus de ce qu'on appela alors la « coexistence pacifique ». Les animaux l'avaient inventée depuis longtemps !

Trouver la bonne distance

Les animaux ont inventé aussi une autre notion, qui contribue à leur coexistence : celle de la *bonne distance* entre les individus. Si vous venez à la Ménagerie, vous verrez que chaque flamant rose conserve une certaine distance avec chacun de ses congénères. Cet espace semble nécessaire au maintien et à la stabilité de la communauté des flamants. Un peu comme l'« espace intime » chez les humains, estimé généralement à trente ou quarante centimètres. Impossible, pour un intrus, de pénétrer dans cet espace privé sans déclencher un réflexe de protection (si l'on excepte évidemment les relations affectives ou amoureuses). Autre exemple : si vous vous promenez aux lisières des marais, des étangs ou des lacs, vous verrez de la même façon que les mouettes rieuses conservent entre elles une sorte d'espace inviolable. S'il est franchi par un animal de la même espèce, le combat se déclenche automatiquement. Tous les animaux respectent naturellement cette distance sociale, comme si elle était la garante indispensable de leur sécurité.

Je l'ai dit, on retrouve ce même souci chez les humains. Je pense ici à cette leçon que l'anthropologue Claude Lévi-Strauss disait avoir apprise de son séjour chez les Indiens Maudan. Il raconte une conversation entre les chefs de deux tribus qui se demandaient où installer leurs camps respectifs. Si nous sommes trop près, disait un des vieux chefs, nos enfants convoiteront les mêmes femmes et les mêmes richesses et ce sera la guerre. Si nous sommes trop loin, nos enfants ne se connaîtront plus, ils se verront comme des étrangers et ce sera aussi la guerre. Installons donc nos camps de telle manière que nous puissions juste voir la fumée de nos huttes. Ni trop près, ni trop loin. Voilà la bonne distance !

Ce qui vaut pour les tribus et les peuples vaut aussi pour les individus. Trop près les uns des autres, leurs relations fusionnelles peuvent déboucher sur la folie, le meurtre ou les foules assassines. Trop loin, ils se combattront. La préservation de la coexistence va donc avec le maintien d'une bonne distance entre les humains. Cette leçon, les animaux la connaissent depuis toujours, je dirais par réflexe. La sagesse animale a intégré cette idée majeure, sans doute une des clés de la bonne marche des regroupements d'êtres vivants, humains ou animaux : trouver – et garder – la bonne distance.

3

Ils ne sont pas non plus des saints !

Il y a deux manières de passer à côté de la sagesse des animaux : la première, c'est de l'ignorer. La seconde, c'est de l'idéaliser. Les animaux ne sont ni des machines, à la manière de Descartes, ni des saints, comme le voudraient certains militants de la cause animale qui finissent par oublier cette évidence : les animaux sauvages sont... sauvages !

Une mésaventure avec Yen Yen

Quand j'étais en première année de l'école vétérinaire, j'ai fait mon stage au zoo de Vincennes. Mon thème de stage était l'alimentation du grand panda. Vous avez peut-être connu Yen Yen, la star du zoo, arrivé en France le 8 décembre 1973. Il a vécu au zoo de

Vincennes jusqu'au 20 janvier 2000. Il est mort à l'âge de vingt-sept ans, d'une tumeur du pancréas.

Sans doute imaginez-vous le grand panda comme une sorte de « nounours » trop mignon. Moi aussi, en commençant mon stage, j'avais cette image en tête. J'aidais les soigneurs à préparer ses repas et je les disposais dans sa loge. Un jour, j'ai voulu y pénétrer pour le caresser en compagnie du chef-soigneur de l'époque, Raymond Dupuis. Il m'a prévenu : attention, les pandas adultes peuvent être très agressifs. Il m'a rappelé cet exemple célèbre : alors que sa fille effectuait un stage vétérinaire au zoo de Vincennes, le président Valéry Giscard d'Estaing s'était mis en tête d'entrer dans la cage du panda. En un éclair, Yen Yen s'est dressé sur ses pattes arrière et a foncé droit sur le président, tous crocs dehors. Heureusement pour VGE, Raymond Dupuis était là. Il l'a tiré de ses griffes et s'est fait mordre à sa place. Les pandas adultes peuvent être mauvais comme des teignes, ils ont une façon unique d'attaquer. Ils se laissent rouler en arrière et agrippent l'adversaire aux jambes ou aux pattes. Ma consœur Maryvonne Leclerc-Cassan, vétérinaire et ancienne directrice du zoo, disait qu'ils sont « plus impressionnants qu'un tigre, avec de larges molaires striées de crêtes coupantes comme des lames de rasoir. Vous croyez approcher un jouet, mais il peut vous réduire en lambeaux ».

Ils s'entretuent

Combien de fois ai-je observé des agressions aveugles, froides, cruelles au cours de mes vingt ans d'expérience passés avec les animaux ? Ils se sont montrés capables de tout, avec une violence inouïe. J'ai vu des cerfs, des oryx, des gnous éventrés par leurs congénères. J'ai vu une femelle yack tuée par son mâle, qui était pourtant adorable. Combien de points de suture ai-je dû faire faire sur des singes, toutes espèces confondues ? Chez les cercopithèques, les mères maltraitent et mordent parfois leurs petits. Là, on passait carrément des points de suture aux pattes cassées ! Même notre mâle orang-outan actuel, Bangui, n'est guère tendre avec nos femelles. Il force l'accouplement. Quand la femelle refuse, il lui enfonce ses doigts dans les yeux ! Théodora, notre femelle, a longtemps traité notre doyenne Nenette, une femelle de plus de 48 ans, comme un souffre-douleur. Cela s'est calmé avec l'arrivée de Bangui. Au moment où j'écris, on m'appelle parce que mon mâle vigogne (une sorte de lama qui vient d'Amérique du Sud) a mis sa femelle à terre et qu'il est en train de la mordre par tous les bouts. Celle-ci est entrée en chaleur, ça l'excite tant qu'il la maltraite.

Il est vrai que nous sommes dans un zoo. Les défenseurs des animaux diront que ces comportements agressifs sont atypiques, qu'ils découlent d'une mauvaise adéquation de l'environnement à leurs besoins du moment. Pourtant, ne nous racontons pas d'histoires : le plus souvent, le monde sauvage ignore la pitié. J'ai vu un chimpanzé blessé qui était à la traîne dans un groupe, aucun de ses congénères ne s'est déplacé pour l'aider. Il y a pire. Connaissez-vous les singes colobes ? Ce sont des primates issus de l'Afrique subsaharienne. Mieux vaut ne pas mettre un colobe entre les pattes d'un chimpanzé. En Ouganda, un ranger m'a raconté cette histoire horrible : un chimpanzé a bloqué la tête d'un jeune colobe dans ses bras musclés et a commencé à lui dévorer le ventre. Le petit était encore en vie tandis que son agresseur lui arrachait tranquillement les boyaux !

Lorsque nous anesthésions des animaux sauvages, notamment des cervidés en pleine nature, nous faisons bien attention à les laisser se réveiller seuls, voire à accélérer leur réveil. Nous ne les quittons que si l'animal tient bien sur ses pattes. Pourquoi ? Outre le fait qu'il peut se blesser, chuter, voire se noyer dans un bassin, il peut se faire massacrer par ses congénères qui profiteront de son état de faiblesse. J'ai vu des daims, par exemple, frapper l'animal en train de s'endormir.

Je n'insiste pas sur les images classiques (et cent fois vues à la télévision) du lion qui attaque la petite gazelle, des crocodiles qui guettent puis attrapent et déchiquettent un gnou lors de leur transhumance, etc. On peut la déplorer, mais cette violence est « normale », elle fait partie du déroulement normal du cycle de la vie en milieu sauvage.

Le palmarès des tueurs

Des chercheurs de l'université de Grenade ont comparé la tendance à s'entretuer de mille espèces de mammifères afin de mieux comprendre les tendances meurtrières chez l'homme, du point de vue de l'évolution. Cette étude, publiée dans la revue *Nature*, dévoile l'identité du plus meurtrier des animaux étudiés. C'est le suricate. Ce petit animal, qui vit dans le sud-ouest de l'Afrique, ressemble à une mangouste. Près d'un suricate sur cinq, en général plutôt un jeune, est tué par un autre suricate, souvent plus âgé. Par ailleurs, pour protéger leur statut au sein du groupe, les femelles suricates dominantes n'hésitent pas à tuer les petits de leurs rivales. Elles attaquent aussi leurs propres filles et tuent leurs petits-enfants. On apprend dans la même étude que les gazelles et les écureuils figurent dans le top trente du meurtre intra-spécifique et que les chinchillas s'entretuent plus que les ours. En tout, on retrouve cette tendance à tuer au sein de sa propre espèce chez près de quarante pour cent des mammifères ! Exceptions notables : il semblerait que certains animaux, comme les chauves-souris et les baleines, ne s'entretuent jamais.

Infanticides

Il n'est guère surprenant de constater que les primates sont beaucoup plus violents que la moyenne des mammifères. Leur spécialité n'est pas très glorieuse : c'est l'infanticide. Mais ils n'en ont pas l'exclusivité. D'une manière générale, le meurtre des petits est largement répandu chez les mammifères. Le plus souvent, il s'agit d'une stratégie sexuelle permettant au tueur d'augmenter les chances de se reproduire.

Voici pourquoi : l'infanticide se produit généralement chez des espèces vivant dans un groupe dirigé par un mâle dominant. Un jour arrive où le dominant meurt de sa belle mort. D'autres fois, il est tué par un concurrent ambitieux. Dès son accès au pouvoir, le nouveau dominant s'empresse de tuer les petits issus de son prédécesseur. Le but est de stopper la lactation de la mère et de la rendre à nouveau disponible pour la reproduction. On retrouve ce même rituel chez beaucoup d'espèces. L'exemple le plus connu est celui des lions. Lorsqu'une coalition prend la tête d'une harde, ses membres commencent par tuer les lionceaux de leurs rivaux, rendant ainsi les femelles disponibles pour la reproduction. Chez les gorilles, après huit mois et demi de gestation, les mères se consacrent à l'éducation des jeunes. Cette tâche exige tant d'énergie qu'elles restent infertiles trois ou quatre ans, jusqu'à ce que leurs petits soient sevrés. Lorsqu'un dos argenté d'un groupe décède, un autre mâle peut prendre sa place. Il n'est pas dans son intérêt de protéger une descendance qui n'est pas la sienne, ni d'attendre des années avant le retour en chaleur des femelles. Tuer les jeunes lui permet de relancer leur ovulation et d'engendrer sa propre progéniture. Chez les gorilles, chaque femelle perd ainsi au moins un petit au cours sa vie, tué par un mâle qui entend s'approprier le harem. Un tiers des mortalités infantiles est dû à l'infanticide.

Les femelles de certaines espèces l'ont si bien compris qu'elles ont développé une stratégie pour protéger leurs petits : elles multiplient leurs partenaires sexuels ! Résultat : dans le doute, les mâles s'abstiennent de tuer un petit qui pourrait être le leur. C'est le cas de la souris, de l'hippopotame ou encore des femelles bonobos. Celles-ci sont les championnes de la multiplication des partenaires, rendant totalement inutile l'infanticide. À tel point que la compétition ne se déroule plus entre les mâles, mais sur les quantités de spermatozoïdes inséminés par chaque individu, ce qui a conduit à l'augmentation de la grosseur de leurs testicules. Alors que le chimpanzé pèse en moyenne quarante-cinq kilos contre quarante kilos pour un bonobo, ce dernier a des bourses quinze pour cent plus grosses !

Chez certaines espèces toutefois, les pères parviennent à reconnaître leur progéniture. C'est le cas chez les babouins chacmas. Ils vivent au Botswana, en groupes dominés par un mâle qui doit souvent – c'est la règle – remettre son titre en jeu. Mais comme le vainqueur encourt le risque d'être battu par son compétiteur quelques semaines plus tard, il s'empresse de s'accoupler et de tuer les petits qui ne sont pas les siens pour rendre de nouveau les mères fécondes. Des études montrent que jusqu'à soixante-dix pour cent des petits sont ainsi éliminés. Les survivants – ceux issus de sa lignée – sont reconnus par leur géniteur à l'odeur, au cri, à la forme du visage. Autre exemple : l'ours brun. Le mâle ne rencontre la femelle que pour la copulation. Comme c'est un solitaire et que son territoire est vaste, il laisse le champ libre à d'éventuels rivaux. L'infanticide survient quand le mâle détecte sur un ourson l'odeur d'un concurrent. Il évalue aussi les différences faciales et corporelles, comme la couleur du pelage. Chez nous, dans le doute, nous avons des tests de paternité. Chez les ours, un test négatif équivaut à un massacre !

Le phénomène se produit également en captivité, chez certains mammifères. Au zoo, quand des mises-bas se profilent, nous prenons soin de prévenir l'événement et l'infanticide. Nous isolons la mère, si possible dans une maternité, pour éviter que le mâle ne s'attaque aux petits. J'ai hélas perdu des nouveau-nés de tatous parce que nous n'avions pas suffisamment anticipé la tuerie. Après leur sevrage, nous regroupons les parents avec leurs petits. Plus tôt, ils pourraient se faire malmener par le mâle. Si vous venez à la Ménagerie à la bonne période, vous verrez ainsi la femelle gaur (un bovidé d'Asie) avec son petit, séparés du mâle. Vous verrez aussi des petits caracals, une jeune panthère, tous séparés de leur père. Pour les autres groupes, comme nos primates ou nos ongulés, nous avons rarement des cas d'infanticide, étant donné que nous n'avons qu'un mâle reproducteur.

L'infanticide des femelles

Les autres causes d'infanticide reposent sur la compétition pour les ressources, les pathologies comportementales, le stress environnemental. Si le meurtrier est souvent le mâle, l'infanticide maternel a aussi été observé chez les animaux de ferme, y compris les cochons, les lapins et les moutons. Chez les primates, l'infanticide maternel à l'état sauvage est très rare, trois cas seulement ont été décrits : chez le tamarin à selle, chez le titi (ou callicèbe) et chez le tamarin à moustaches, tous des petits singes d'Amérique du Sud.

Chez le tamarin à moustaches, la survie des nourrissons est directement liée au nombre des nourrices. Les petits sont élevés par plusieurs adultes, notamment des mâles. Le nombre de ces adultes nourrices est crucial pour déterminer la probabilité de survie des jeunes. C'est particulièrement vrai lorsque plusieurs femelles sont en compétition. Laurence Culot, primatologue, co-auteur de l'article[1] sur ces cas d'infanticides chez le tamarin à moustaches, décrit comment la mère a décidé de se

1. Article paru dans le magazine *Primates* (2011) : « Reproductive failure, possible maternal infanticide, and cannibalism in wild moustached tamarins, Saguinus mystax ».

débarrasser de son petit. Elle l'a mordu à la tête, qu'elle a arrachée du reste du corps. Puis elle l'a délicatement mâchée avant de l'avaler. Elle a ensuite laissé le corps sur une branche, à la disposition d'une autre de ses filles qui a mangé le reste du cou et un morceau d'épaule. On parle ici de « manipulation parentale », c'est-à-dire d'une élimination des petits d'un groupe dans une période défavorable. Le facteur déclenchant, pour cette femelle, était le manque de nourrices. On trouve (rarement, heureusement) des cas identiques chez les humains dans des périodes difficiles.

Boucs émissaires

J'ai déjà évoqué la guerre des chimpanzés du parc de Gombe, qui n'avait rien à envier aux guerres humaines. Au cours d'une autre guerre, celle du parc de Kibale, David P. Watts, de l'université Yale, a pu observer et filmer un événement troublant. Dans un groupe de singes, quelques mâles se retournent soudainement contre un des leurs, que les chercheurs avaient surnommé Grapelli. Leur violence est aussi effrayante qu'incompréhensible. Mordu, battu, Grapelli parvient à échapper à la fureur de ses congénères. Mais ses blessures sont trop graves, on le retrouvera mort trois jours plus tard. Comment interpréter une telle brutalité ? On la comprendrait s'il s'agissait d'un ennemi. Mais, je l'ai dit, Grapelli faisait partie de la communauté. Un phénomène de « bouc émissaire » ? Quelques chercheurs l'ont suggéré. Ce serait une manière, pour le groupe, de se décharger de son anxiété sur le malheureux Grapelli, qu'ils ont décidé de sacrifier.

C'est que le phénomène du bouc émissaire est – malheureusement – universel. Dans l'Ancien Testament, Dieu demande à Moïse de « transférer » tous les péchés des hommes sur un bouc. Moïse obéit et impose ses deux mains sur la tête de l'animal. Par ce moyen, il réalise le transfert. Puis il chasse le bouc dans le désert. Plus près de nous, le philosophe-anthropologue René Girard a fait du bouc émissaire celui dont la fonction, comme un paratonnerre, est de concentrer sur lui la violence interne d'un groupe humain et de l'évacuer vers l'extérieur, ce qui correspond assez bien à ce qui s'est passé chez les chimpanzés de Kibale. Dans son livre *Sommes-nous trop bêtes pour comprendre l'intelligence des animaux ?* Frans de Waal décrit ce mécanisme du bouc émissaire chez les macaques : « Dès que l'un de ces singes est menacé et chassé, il s'en va menacer ou chasser quelqu'un d'autre, toujours une cible facile. L'hostilité redirigée descend donc l'ordre hiérarchique. Notons bien que le singe qui la redirige préfère viser la famille de l'agresseur initial. S'il s'est fait attaquer par un individu de haut rang, il cherche à localiser un membre plus jeune, moins puissant, de la famille de son agresseur pour passer ses nerfs sur ce malheureux. La redirection ressemble donc à une vengeance, puisqu'elle fait payer la famille de l'agresseur[1]. »

Rien, là, de bien glorieux. Toutes les dictatures du monde, tous les régimes oppressifs ont eu recours à ces

1. Frans de Waal, *Sommes-nous trop bêtes pour comprendre l'intelligence des animaux ?*, Les liens qui libèrent, 2016.

vengeances contre les familles des individus pourchassés. Quant au bouc émissaire, s'il n'atteint pas chez les macaques la violence extrême des chimpanzés de Kibale, la mécanique « descendante » qui le caractérise (un individu réprimandé réprimande à son tour ses inférieurs hiérarchiques) n'est pas non plus à l'honneur de nos cousins les primates.

Violences sexuelles

Non, les animaux ne sont pas des saints. On le constate encore en prenant l'exemple des violences sexuelles. Nous avons vu que les animaux sont capables d'alliances et de stratégies élaborées. Dans ce domaine, les dauphins ne sont pas en reste. Ils n'ont pas leur pareil pour élaborer des plans d'attaque destinés à capturer des femelles. Ils font d'abord appel à d'autres mâles pour être plus nombreux que leurs adversaires. Quand les femelles tentent de s'enfuir, les mâles agissent de manière coordonnée pour leur interdire de s'échapper. Richard Connor, de l'université du Massachusetts de Dartmouth, co-directeur de l'Agence de recherche sur les dauphins, a étudié ces alliances : « Les mâles encerclent la femelle, la bousculent au besoin, lui donnent des coups de dents et l'obligent à les suivre. La femelle enlevée est séquestrée plusieurs jours, parfois plus d'un mois et les mâles, sans ménagement, s'accouplent avec elle, chacun à leur tour. » Richard Connor propose une hypothèse : lorsqu'une coalition de mâles a capturé une femelle, ils commencent par tuer son petit si elle en a un (le jeune vit normalement avec sa mère pendant quatre ou cinq ans). Après l'infanticide, comme on l'a vu pour d'autres espèces, la femelle redevient attractive car elle a une ovulation. Mais, là encore, les femelles utilisent des « contre-mesures » en copulant avec beaucoup de mâles, afin d'entretenir la confusion sur l'identité du père.

Le biologiste américain Mark Cotter, dans la revue *Marine Mammal Science*, a décrit un épisode surprenant de violence chez des jeunes dauphins qui étaient à court de femelles. Cela se passe dans la baie de Monterey, en Californie. Des dauphins, seuls ou en groupes allant jusqu'à seize individus, se sont acharnés sur des marsouins. Ils les ont pris en sandwich en leur écrasant les côtes et les poumons. Ils leur ont sauté dessus pour leur maintenir la tête sous l'eau, ils les ont fait sauter hors de l'eau à coups de rostre et de queue, ils les ont percutés directement avec leurs rostres, provoquant des fractures, des étouffements et des hémorragies. Les chercheurs proposent deux hypothèses pour expliquer une telle violence : soit les jeunes dauphins s'entraînaient en vue de leurs prochains infanticides, soit ils se préparaient à de futurs combats pour conquérir les femelles. Dans tous les cas, le massacre a eu lieu en pleine période de reproduction, alors que les femelles faisaient un peu défaut dans les parages.

Comme je m'en veux d'avoir un peu altéré l'image de Flipper le dauphin, je rappelle au passage que ces animaux possèdent des capacités cognitives très importantes. Nous les avons vus agressifs, mais ils peuvent se montrer aussi très amicaux. Les diaboliser n'a aucun sens, pas plus que les humaniser à outrance. Mieux vaut les voir tels qu'ils sont. Les animaux, les dauphins comme les autres, sont au-delà du bien et du mal. L'animal est entier, il ne se cache pas, ce n'est pas un Tartuffe.

Au chapitre des violences sexuelles, je vous livre d'autres exemples, pas franchement ragoûtants. Chez les girelles à tête bleue, un poisson des récifs de corail d'Amérique du Sud, les jeunes mâles se regroupent et guettent l'arrivée des femelles prêtes à pondre. Lorsqu'une femelle approche, ils l'entourent et lui assènent des coups sous le ventre, ce qui libère chez les malheureuses quelques ovules.

Les éléphants de mer battent tous les records de brutalité. Les mâles mordent parfois les femelles jusqu'au sang et les plaquent contre le sol pour qu'elles se soumettent. Il n'y a jamais de parade sexuelle, ils ne prêtent d'ailleurs aucune attention aux petits, qu'ils écrasent allègrement au passage ! Les femelles violées poussent des cris, mais souvent le mâle dominant est trop loin et ne les entend pas. Dans d'autres cas, les jeunes mâles attendent les femelles en bordure de mer. Elles font souvent face à une dizaine de mâles chacune. Leur choix est simple. Ou elles résistent, au risque d'être davantage brutalisées, ou elles se laissent faire et subissent les assauts de dix mâles en rut.

Chez les tortues de mer, enfin, le mâle violeur plante ses griffes dans le cou de la femelle et lui frappe la tête. La femelle se rétracte, mais sa carapace ne peut protéger tout le corps et c'est le cloaque qui ressort, laissant libre champ au mâle.

Coquins et tricheurs

D'autres exemples de violence chez les animaux relèvent plutôt de la « coquinerie ». Chez certains insectes volants, comme l'*Hylobittacus apicalis*, un cadeau nuptial fait par le mâle à la femelle est indispensable pour pratiquer la copulation. Ce rituel a engendré chez les autres mâles la tentation de voler les cadeaux nuptiaux ! Certains s'en sont fait une spécialité. Ils se travestissent et volent le butin, ou ils l'arrachent à un autre mâle, ou ils le dérobent directement au couple en train de copuler.

D'autres animaux font mieux encore : alors qu'un autre mâle est en train de copuler, le crapaud commun *(Bufo bufo)* tente de prendre sa place ! L'autre se défend par des coups de pattes postérieures et des coassements agressifs. Plus le mâle est grand et fort, plus son coassement est grave. Ils évaluent ainsi leur force respective.

Chez les animaux, la copulation est généralement précédée par une parade sexuelle effectuée par le mâle à l'intention de la femelle. Mais il y a des tricheurs. Dans certaines espèces, des mâles-parasites profitent de cette parade pour s'approprier les femelles. Chez les rainettes arboricoles des mares de Géorgie, par exemple, seize pour cent des mâles qui coassent sont accompagnés d'un ou deux autres mâles qui restent dans l'ombre, discrets et silencieux. En fait, ils entendent profiter des talents du chanteur. Dès qu'ils voient approcher une femelle attirée par le coassement séducteur, ils se jettent sur elle et laissent le pauvre chanteur à son chant ! Dans la plupart des cas, le parasitisme sexuel concerne les jeunes ou les subordonnés, mais dans le cas de la rainette, les mâles peuvent être tour à tour parasites et séducteurs.

Chez les chevaliers combattants (*Philomachus pugnax*), des oiseaux proches des bécasseaux, il existe deux sortes de mâles : les mâles indépendants, agressifs, généralement de couleur sombre, qui défendent farouchement leur territoire. Et les mâles satellites, qui ne possèdent aucun territoire. Ils ne sont pas agressifs, mais ces séducteurs professionnels sont ornés d'une collerette blanche. On suppose que cet ornement attire les femelles. Les mâles satellites rôdent donc autour du mâle indépendant. Pendant que celui-ci est occupé à défendre son territoire, ils attirent les femelles avec leur belle collerette et lui volent ses occasions de copuler !

Enfin, chez l'espèce *Poeciliopsis occidentalis*, un poisson des mers chaudes, certains mâles territoriaux, noirs et agressifs, attirent les femelles avec des parades très élaborées. Mais d'autres mâles ont une couleur marron terne, qui est précisément la couleur des femelles. Ils ignorent tout des formalités de la parade, se jettent sur les femelles et s'accouplent avec elles à la sauvette.

Pourquoi ces différences de comportement ? On pourrait penser que ceux qui défendent leur territoire sont les plus forts et bénéficient d'une meilleure santé. Les autres, pour la plupart des jeunes, restent en périphérie et attendent patiemment leur tour. C'est ce qui arrive dans la plupart des cas. Alors pourquoi l'évolution a-t-elle conservé les comportements de parasitisme ? En fait, leur stratégie consiste à regarder les autres faire et à se demander : comment est-il possible de faire aussi bien avec moins d'efforts ? Si tous les crapauds coassent, aucun crapaud ne profitera de la situation. À l'inverse, si tout le monde reste silencieux, aucune femelle ne viendra. Il faut donc établir un équilibre : des crapauds qui coassent, d'autres qui trichent. Après tout, dans les sociétés humaines, c'est parce qu'il y a des riches qu'il y a des voleurs !

On peut trouver cela choquant, mais la morale n'a rien à voir là-dedans. L'évolution sélectionne les comportements adaptés à la reproduction et la tricherie en est un. Consolons-nous, toutefois, en sachant qu'au final ce sont tout de même les mâles actifs et agressifs, ceux qui défendent leur territoire, qui copuleront avec la plupart des femelles. Les parasites ne s'accoupleront, eux, qu'avec quelques-unes d'entre elles. Mais l'évolution les a conservés car ils dépensent moins d'énergie à défendre leur territoire. Ils peuvent donc espérer vivre plus longtemps !

Kss, kss...

Pour finir, voici un comportement plutôt étonnant. Des femelles incitant leurs mâles au combat... moyennant une petite gâterie ! Une étude, publiée en 2017 dans *Proceedings of the Royal Society,* décrit comment des singes verts femelles incitent leurs mâles à participer à des bagarres contre d'autres groupes rivaux en récompensant les courageux, mais aussi en agressant ceux qui se montrent trop prudents. Ces singes vivent en groupe en Afrique et les femelles prennent part aux batailles lorsque la nourriture est en jeu. Ce qu'on ignorait, c'est qu'elles pouvaient utiliser des tactiques de manipulation, comme la punition ou la récompense, pour inciter leurs messieurs à partir au combat.

Que font-elles ? Elles épouillent les valeureux mâles qui ont montré du courage et se sont battus. Mais honte aux peureux ! Elles montrent des comportements menaçants face aux mâles qui se sont tenus prudemment à l'écart. Parfois, elles vont jusqu'à les courser et à les agresser physiquement. Comme les mâles sont nettement plus gros qu'elles, elles prennent soin au préalable de former des coalitions de deux femelles ou plus.

Cette observation explique pourquoi les mâles prennent le risque de s'exposer dans des batailles, jusqu'au péril de leur vie. Pour assurer leur reproduction d'une part, mais aussi pour éviter d'être dégradés socialement. À l'inverse, un mâle récompensé signale aux autres femelles du groupe qu'il est, lui, un partenaire sexuel valable !

Violents, mais pas pervers

Meurtres, infanticides, violences sexuelles, vous allez me dire « arrêtez le massacre » ! Mais non, il faut dire ce qui est : le monde des animaux est un monde violent. Cette violence, qui n'est qu'occasionnelle mais réelle, est un élément de régulation de leurs sociétés, mis au point par l'évolution au fil des millénaires. La violence coexiste avec d'autres systèmes de régulation plus pacifiques, comme ceux que j'ai cités plus haut : la territorialité, les rituels destinés à éviter les combats, etc.

Il faut dire que les animaux, comme le faisait remarquer Hans Kummer, un célèbre primatologue, ont une particularité : ils vivent armés, ils portent leurs armes sur eux. Ces armes, ce sont leurs griffes, leurs dents, leur venin. Ils sont armés de jour, armés de nuit. Le plus souvent, ils se contentent de montrer les dents afin d'éviter de s'en servir. Mais parfois, ils passent à l'action. L'homme, de ce point de vue, n'a que ses muscles, ce qui est peu. Il a donc trouvé les bons moyens de s'équiper : des bâtons, puis des haches, des casse-tête, des arcs, des lances, des épées, des fusils, des bombes. Depuis les débuts de l'histoire, disons depuis les premières sociétés humaines organisées du Néolithique (nous y reviendrons dans un prochain chapitre), les hommes ont imaginé un système original : ils ont désarmé la majorité des citoyens et ne conservent qu'une caste armée – police et soldats – habilitée à maintenir la sécurité ou à faire la guerre. Le système fonctionne plutôt bien, ce qui n'a pas empêché les hommes de multiplier les massacres à une échelle inconnue dans le monde animal ! Pourquoi ? Certainement, pour une part, à cause de l'efficacité des armes humaines. Que valent les mâchoires d'un crocodile ou les griffes d'un tigre, aussi redoutables soient-elles, en face d'un arc, d'un fusil, d'un explosif ? L'ingéniosité humaine a mis au point des armes terribles qui pourraient se retourner contre l'humanité elle-même en la menaçant – guerre bactériologique, chimique, nucléaire – d'une extinction possible.

Mais la vraie raison de la violence humaine, c'est la perversité, qu'ignore l'animal. Nous en avons vu les causes : l'homme vit dans un monde de représentations, qui se substituent à la vie elle-même. La logique abstraite de ces représentations peut conduire à ces exactions inconnues du monde animal : le racisme, la haine de l'autre, le sadisme, voire la volonté apocalyptique de s'autodétruire. Ce mot de « perversité » me paraît adéquat car il évoque, étymologiquement, un détournement (*pervertere* : « détourner » en latin). C'est bien ce dont il s'agit. La perversité humaine consiste à dévoyer, à détourner de sa fonction originelle cet apport incontestable qu'a été l'apparition, chez les premiers hommes, de la faculté de communiquer, de transmettre des connaissances, des récits, des mythes, des croyances. Mais aussi des préjugés, des mensonges, des discours de haine.

Ne brossons pas le tableau tout en noir. Heureusement, les hommes ont su imaginer des contre-feux à leurs errements possibles. Ils ont élaboré des lois, des règles morales, des règlements. Ils se montrent efficaces, mais pas toujours. Parfois, les barrières craquent. C'est pourquoi il me paraît intéressant de considérer la sagesse animale comme ce qu'elle est : le ciment invisible de sociétés qui ignorent la perversité. Il ne s'agit certes pas d'imiter les animaux, mais de les observer et de réfléchir. Contrairement à ce qu'on croit, la loi qui régit les sociétés animales n'est pas la loi de la jungle, c'est celle des rituels. Ils n'empêchent pas la violence, mais ils permettent, le plus souvent, de parer au pire !

III
LES ANIMAUX MÉDECINS

1

Ce sont de bons cliniciens

Si Oscar vient se blottir près de vous, prenez garde ! Oscar est un chat, né en 2005, qui vit dans une unité hospitalière de Rhode Island, aux États-Unis. Il s'agit du Steere House Nursing & Rehabilitation Center. L'unité soigne des patients atteints de maladies neuro-dégénératives lourdes : Alzheimer, Parkinson et autres troubles graves. Steere House a cependant une particularité : on y pratique la zoothérapie (on y reviendra un peu plus loin, dans le chapitre 3 de cette partie). Il s'agit d'une discipline qui mise sur les bienfaits procurés aux patients par la présence et la fréquentation de certains animaux familiers. On trouve donc à Steere House des lapins, des chiens, des perroquets. Et des chats comme Oscar.

Oscar est libre de déambuler dans les couloirs de l'hôpital et de visiter les patients. Il les sent, il les observe. Parfois, il se blottit contre eux et s'endort à leur côté.

Le plus surprenant est que la personne auprès de qui Oscar a choisi de dormir meurt généralement deux à quatre heures après l'arrivée du chat !

L'étrange flair d'Oscar

La vie, sa préservation et son maintien dans de bonnes conditions sont des valeurs cardinales pour la sagesse animale. De ce point de vue, il faut reconnaître que les animaux sont de bons cliniciens. Ils peuvent en effet diagnostiquer nombre de maladies avant qu'elles se manifestent par des symptômes patents. Reste à savoir pourquoi.

La forte coïncidence entre les visites d'Oscar et la mort des malades – en 2015, on comptait près d'une centaine de décès dans ces circonstances – a poussé le docteur David Dosa, un gériatre, à publier un article dans le *New England Journal of Medicine*. Il constate qu'« [Oscar] ne fait pas trop d'erreurs. Il semble comprendre quand les patients sont sur le point de mourir ». Le docteur Dosa émet l'hypothèse que « le chat pourrait détecter des odeurs spécifiques accompagnant la mort ». Lesquelles ? C'est ce qu'il reste à découvrir. Oscar a du moins le mérite d'avoir ouvert un domaine de recherche inédit qui pourrait permettre au corps médical d'intervenir *avant* l'échéance fatale. Bien consciente de cet enjeu, l'équipe de l'hôpital a posé sur un mur une plaque remerciant Oscar le chat « pour ses soins hospitaliers compatissants ».

Ils annoncent les crises d'épilepsie

Après le chat, les chiens. Ils pourraient prédire, peu avant leur déclenchement, les crises d'épilepsie. Celles-ci se manifestent, classiquement, par une décharge électrique soudaine dans certaines zones du cerveau. Parfois, elles s'accompagnent d'une perte de conscience, de convulsions, d'hallucinations sensorielles (visuelles, auditives, gustatives, vertigineuses) ou de paralysies. Comme cette maladie ne prévient pas, il est impératif de réaliser un diagnostic médical rapide. D'autant que tous les épisodes épileptiques ne s'accompagnent pas de crises convulsives et que toutes les crises convulsives ne sont pas épileptiques. En l'état actuel des techniques, l'enregistrement des données électroencéphalographiques est l'unique moyen de mettre la crise épileptique en évidence. L'unique ? Pas totalement, car il y a aussi les chiens.

De nombreux témoignages ont rapporté qu'ils pouvaient prédire les crises d'épilepsie. Au début des années quatre-vingt-dix, le vétérinaire anglais Andrew Edney a réalisé la première recherche systématique sur le sujet. Grâce à une annonce parue dans *Epilepsy today* (le bulletin d'information de l'association britannique d'épilepsie), il a pris contact avec des patients épileptiques propriétaires de chiens. Il leur a communiqué un questionnaire minutieux qui lui a permis d'établir un profil type du comportement de l'animal peu avant la crise. Le chien manifeste alors de l'anxiété, de la nervosité, il aboie, gémit, saute, renifle et lèche la personne menacée. Lorsque la crise survient, le chien ne quitte plus son maître, il lui lèche les mains ou le visage. Il s'agit bien d'une sensibilité à l'épilepsie car les mêmes chiens ont ignoré, par exemple, des crises simulées. Les résultats de l'enquête d'Andrew Edney ont été publiés dans notre respectable revue *Veterinary Record*.

En France, en avril 2016, l'association Handi'chiens à Saint-Brandan (Côtes-d'Armor) a innové en formant des chiens d'alerte destinés aux personnes épileptiques. Une fois éduqué, le labrador ou le golden pourra intervenir. « Il pourra donner un médicament, appuyer sur un bouton d'alarme, aller chercher du secours ou simplement rester auprès de la victime pour la rassurer. » L'expérience montre que ces chiens peuvent annoncer la crise sept ou huit minutes avant son déclenchement. Reste, comme pour Oscar le chat, la grande question : comment savent-ils ? Jusqu'ici, aucune recherche sérieuse n'a été menée sur ce sujet. Les trois hypothèses les plus courantes sont celles-ci :

1. L'animal pourrait détecter des changements de comportement trop subtils pour que le malade lui-même en prenne conscience. Par exemple, des tressaillements musculaires.

2. L'animal pourrait être sensible à des perturbations électriques du système nerveux du malade, associées à une crise imminente.

3. Enfin, l'animal pourrait déceler une odeur caractéristique, émise par le malade avant une crise.

Ils détectent le diabète

Les chiens et le diabète. Vaste sujet, qui fait parfois la une des magazines de santé. Le *British Medical Journal* a publié en 2000 un article sur les comportements réguliers de trois chiens quand leur maître tombait en état d'hypoglycémie. De leur côté, des chercheurs de l'université de Cambridge (Royaume-Uni) ont voulu savoir comment les chiens pouvaient détecter une hypoglycémie chez leur maître diabétique et comment ils pourraient agir en conséquence. Par exemple, donner l'alerte avec leurs pattes dans la journée ou le réveiller la nuit. Les résultats de cette étude ont été publiés en juin 2016 dans la revue *Diabetes Care*.

Le diabète, comme on sait, est un trouble de l'assimilation et du stockage des sucres fournis à l'organisme par l'alimentation. Classiquement, on distingue le diabète de type 1, lié à un manque d'insuline (résultant de la disparition des cellules bêta du pancréas) et le diabète de type 2 où le pancréas continue à fabriquer de l'insuline, mais pas en quantité suffisante (ou cette insuline agit mal, on parle alors d'insulino-résistance).

L'équipe de chercheurs britanniques a suivi huit femmes atteintes de diabète de type 1, maintenues à la limite de l'hypoglycémie. En analysant leur souffle grâce à un test de spectrométrie, les médecins ont découvert que l'air qu'elles expiraient contenait plus d'isoprène (un dérivé du cholestérol) que la norme. Chez certaines de ces femmes, la concentration d'isoprène avait même doublé. Ce composé serait l'élément détecté en période critique par le flair des chiens. En donnant l'alerte alors qu'il est encore temps, ils pourraient assurer aux diabétiques qui se soignent à domicile une meilleure sécurité et une meilleure qualité de vie.

Ils détectent les cancers

Enfin, de nombreux propriétaires de chiens affirment que leur animal a permis de diagnostiquer leur cancer. Jean-Nicolas Cornu, chercheur à l'hôpital Tenon à Paris, raconte : « À l'origine, un chien passait son temps à renifler une sorte d'ulcère cutané sur la jambe de sa maîtresse. Celle-ci accordait peu d'attention à sa lésion. Mais, intriguée par le comportement de son chien, elle a fini par consulter. Il s'agissait d'un mélanome, un cancer de la peau. »

L'histoire date de 1989. Depuis 2004, de nombreuses études scientifiques ont démontré que des composés organiques volatils, présents dans les cellules cancéreuses, sont excrétés dans les urines et dans l'air expiré à un stade précoce de la maladie. Une étude autrichienne de 2012 a établi que les canidés peuvent reconnaître un cancer du poumon en reniflant l'haleine des patients avec un taux de réussite de soixante-dix pour cent. De leur côté, des chercheurs américains ont établi qu'un berger allemand, dressé pour l'occasion, pouvait distinguer entre des échantillons d'urine de personnes atteintes de cancers de la thyroïde et d'autres échantillons, sains ou de tumeurs bénignes. Enfin, une étude menée en 2014 par le docteur Gianluigi Taverna de l'Humanitas Research de l'hôpital de Milan (Italie) a mobilisé 902 volontaires, dont 362 hommes ayant un cancer de la prostate. Les chiens renifleurs, anciennement spécialisés dans la recherche des explosifs, ont détecté correctement les patients malades dans quatre-vingt-dix-huit pour cent des cas. En France, l'Institut Curie mène depuis septembre 2016 un test consistant à confier la détection des cancers du sein à deux chiens. Ils n'en sont qu'au début, mais les retours sont déjà très positifs. Si l'expérience est couronnée de succès, on pourra dépister de façon précoce une tumeur avant même de pouvoir la palper.

Ces résultats positifs réduisent chaque jour le nombre des sceptiques. Il en existe toujours, néanmoins, qui évoquent des coïncidences ou des phénomènes de mémoire sélective. Leurs arguments doivent être pris en compte, mais ils n'ont de valeur scientifique que s'ils sont considérés comme des hypothèses à vérifier. Ils deviennent en revanche antiscientifiques s'ils sont utilisés pour faire obstacle à toute investigation ultérieure. C'est encore trop souvent le cas et c'est une des raisons qui expliquent que ces facultés des animaux restent si mal élucidées. Nous, médecins et cliniciens, avons le devoir d'explorer toutes les voies diagnostiques possibles. Sur ce plan, il nous reste beaucoup à apprendre.

2

Ils nous enseignent la sagesse du corps

Une légende chinoise raconte qu'un jour, un paysan de la province du Yunnan découvre un serpent près de sa chaumière. Craignant pour sa vie, il bat l'animal avec son fléau, le laissant ainsi pour mort. Mais quelques jours plus tard, le même serpent revient. Une fois encore, le paysan s'efforce de le tuer par le même moyen. Quand l'animal, apparemment indestructible, revient quelques jours plus tard, l'homme s'acharne sur lui. Mais, curieux de comprendre comment le reptile survit à tous les coups qu'il lui a donnés, le paysan le suit à la trace. Il observe alors que le serpent rampe vers une herbe sauvage : *Panax notoginseng,* une herbe de l'espèce des célèbres ginsengs, et qu'il s'en nourrit. Le lendemain, il a retrouvé sa vitalité !

En réalité, nul besoin de convoquer les légendes chinoises pour trouver des exemples d'automédication dans le monde animal. Tous les propriétaires de chats connaissent l'herbe à chat, une jeune pousse d'orge consommée par le chat pour se purger en provoquant des vomissements. C'est un moyen excellent pour régurgiter les poils ingérés lors de la toilette.

À l'écoute du corps

Les chats, comme les autres animaux, ont un avantage sur les humains : ils écoutent ce que leur dit leur corps. Les hommes, c'est différent. Prenez un gourmand. Vous, peut-être. Quand votre corps vous dit « stop, je n'ai plus faim », vous avalez quand même ce trop bon gâteau nappé d'une crème au caramel. D'autres fois, quand votre corps vous dit : « Il faut que je marche », vous lui répondez : « Attends, j'ai encore cet article ou ce rapport à terminer. » Vous n'écoutez pas votre corps. Les animaux, eux, l'écoutent.

Personne ne nous a appris à respirer, à faire battre notre cœur, à lancer toute la puissance de notre système immunitaire à l'assaut des virus ou des bactéries. Cette sagesse du corps, qu'on peut appeler l'instinct, les animaux la possèdent naturellement. Elle régule chez eux les conflits possibles entre le mental et l'organisme. Parfois, le cerveau désire des choses dont l'organisme ne veut pas. Parfois, c'est l'organisme qui demande des choses que le cerveau ne permet pas. Placés dans ces situations, l'animal et l'homme réagissent différemment. L'animal mange avec son estomac, l'homme mange avec son cerveau. Quand l'animal n'a plus faim, il s'arrête de manger. Quand l'homme n'a plus faim, la gourmandise le pousse quand même à s'empiffrer. Quand l'animal est fatigué, il se repose. L'homme, au nom de je ne sais quelle urgence – le devoir, le perfectionnisme – pousse souvent au-delà de ses capacités physiologiques, au risque de s'épuiser et de tomber malade.

L'animal obéit en premier lieu à son horloge biologique. Un exemple ? D'après les chronobiologistes, qui étudient l'évolution des rythmes de notre corps, l'été est la meilleure saison... pour travailler, pas pour partir en vacances ! Les jours sont plus longs, le soleil stimule notre organisme, la nature abonde en fruits qui nous offrent toute l'énergie nécessaire à nos occupations. En hiver, au contraire, les journées sont courtes, la nature est déserte, les arbres dénudés et nous nous retrouvons au lit avec une bonne grippe. Pas seulement à cause du froid, mais aussi parce que nous épuisons notre système immunitaire. Au lieu de nous reposer – c'est-à-dire d'*hiberner*, comme font les animaux – nous continuons à travailler. Bref, nous vivons en plein décalage.

Le mental contre le corps

Il n'en a pas toujours été ainsi. Les premiers hommes, comme les animaux, ont organisé leur emploi du temps en tenant compte de l'alternance des saisons et de la disponibilité des ressources alimentaires. Même quand ils se sont sédentarisés, quand ils ont développé l'agriculture, ils ont commencé par respecter les rythmes biologiques des plantes. Aujourd'hui, ce temps est fini. Nous ignorons notre biologie, nous avons cassé le lien que nous avions avec la nature. Au lieu d'écouter notre corps, nous le *pensons*... avec la ferme volonté de le dominer. J'ai la conviction qu'un des apports les plus précieux de la sagesse animale sera de nous amener à prendre conscience de cette cassure entre le mental et le corps, entre l'homme et la nature. Une bonne occasion de rappeler cette forte parole de Gandhi : « Prends soin de ton corps pour que ton âme ait envie d'y rester. » !

J'ai pourtant de bons espoirs. Les temps changent, notamment grâce aux neurosciences. L'esprit n'est plus une entité abstraite. Les bienfaits de pratiques comme la méditation, qui semblaient relever auparavant de la seule pratique spirituelle, sont aujourd'hui confirmés par l'imagerie cérébrale. Nous comprenons mieux l'intime relation qui se tisse entre l'esprit, le corps et l'environnement global. Un individu ne peut vivre sainement dans un environnement qui n'est pas sain, matériellement ou psychologiquement.

Le stress, nous l'avons vu, induit des pathologies psychologiques graves chez les animaux, qui se compliquent ensuite de maladies organiques. Les maladies psychosomatiques ne sont pas l'exception en médecine vétérinaire, c'est même plutôt l'inverse. En parc zoologique, on les rencontre en permanence. C'est finalement assez logique, l'animal tombe malade quand son milieu n'est pas adapté à ses besoins. C'est pourquoi notre premier soin, quand nous voulons soigner des poissons, n'est pas de nous occuper des poissons eux-mêmes. Nous cherchons à savoir si, dans l'aquarium, l'équilibre écologique est maintenu. Les caractéristiques physico-chimiques de l'eau sont-elles bien adaptées ? Sa température, son pH, son odeur, la présence de polluants, la présence de bulles et d'algues ? On contrôlera aussi les plantes, le filtre, l'éclairage, le nombre et la nature des bactéries, etc. Encore une fois, l'animal évolue dans son milieu. Si le milieu est malade, l'animal est malade. Il y a très peu de pathologies dans les aquariums des aquariophiles éclairés !

Dans mes conférences sur les pathologies des animaux sauvages et exotiques, je commence par parler des conditions d'entretien. Le terrarium est-il assez vaste pour ce groupe d'amphibiens ? Cette tortue a-t-elle un lieu pour pondre ? Cette antilope a-t-elle un ou des abris où elle peut se soustraire aux regards et se reposer ? Ces oiseaux ont-ils assez de perchoirs ? Ces petits autruchons ont-ils une bonne lampe chauffante ? La cabane des chats de Pallas est-elle régulièrement nettoyée ? Je pourrais vous énumérer des centaines de questions comme celles-ci. Elles vous semblent de bon sens ? Alors pourquoi nombre d'humains n'appliquent-ils pas ces critères à eux-mêmes ? Évidemment, tout le monde n'a pas les moyens de changer radicalement son cadre de vie. Mais on peut modifier quelques paramètres, mettre un peu d'ordre ici et là, améliorer son alimentation et son hygiène de vie, ces choses simples que nous ferions naturellement pour les animaux mais que nous négligeons de faire pour nous-mêmes. Oui, c'est vrai, l'animal est malade quand il n'est plus en équilibre avec son milieu. Et vous, êtes-vous en équilibre avec votre milieu ? Vous connaissez certainement la réponse.

Automédication

Les animaux pratiquent massivement l'automédication. On l'a depuis longtemps observé chez les primates, plus récemment chez les insectes. C'est l'objet d'un champ de recherche en plein essor, la zoopharmacognosie, l'étude des substances naturelles consommées par les animaux à des fins thérapeutiques.

L'exemple le plus connu est celui des chiens qui ingèrent de l'herbe (souvent du chiendent) pour se purger en la régurgitant, mais il y en a bien d'autres. Le babouin olive et les babouins hamadryas d'Éthiopie consomment des fruits et des feuilles de *Balanites aegyptiaca* (les dattiers du désert) pour contrôler le développement de la schistosomiase, une maladie parasitaire causée par des nématodes. Les fruits contiennent une molécule, la diosgénine, qui entrave le développement des schistosomes.

Les chimpanzés, les bonobos et les gorilles mangent les fruits d'*Aframomum angustifolium,* aux vertus antimicrobiennes significatives. Les éléphants d'Afrique pratiquent l'équivalent d'une automédication pour déclencher la naissance de leurs petits en mastiquant les feuilles d'un arbre de la famille des *Boraginaceae*. À noter qu'au Kenya, les femmes confectionnent un thé infusé avec les feuilles de cet arbre dans le même but de provoquer l'accouchement.

Une étude portant sur le mouton domestique a montré qu'il peut choisir de brouter des plantes médicinales quand il a ingéré une nourriture trop riche en tanins ou en acide oxalique. Le mouton se soigne en mangeant de l'argile, du phosphate dicalcique ou une plante contenant du polyéthylène glycol. Des observations similaires ont été faites chez d'autres ruminants. Plus de deux cents espèces d'oiseaux chanteurs écrasent des fourmis ou parfois se roulent dans les fourmilières afin d'enduire leurs plumes d'acide formique, excellent contre les poux. Sa vapeur seule suffit à les tuer !

En France, ma collègue et consœur Sabrina Krief travaille depuis plus de quinze ans sur ce thème. Elle a observé que les chimpanzés du parc de Kibale, en Ouganda, consomment une dizaine de plantes différentes afin de limiter la prolifération du *plasmodium*, un parasite à l'origine du paludisme. Elle raconte comment un de ces chimpanzés s'était isolé un matin pour mâcher l'écorce de l'albizia, un gros arbre au goût très amer, délaissé par ses congénères. Deux jours plus tard, la charge parasitaire élevée, diagnostiquée dans ses selles, était éradiquée. En 2013, un article publié dans *Science* a montré comment les mouches drosophiles se débarrassent d'un organisme parasitoïde en consommant de l'alcool. Les chenilles, quant à elles, dévorent une plante riche en alcaloïdes lorsqu'elles sont infectées par les larves d'une guêpe parasitoïde.

En fait, la zoopharmacognosie est à elle seule un sujet passionnant qui nécessiterait d'y consacrer un livre entier. Les quelques exemples que j'ai cités prouvent abondamment qu'il existe *une médecine non humaine*. Elle résulte de ce simple fait : l'animal est en permanence à l'écoute de son corps et, quand il le faut, il trouve dans son environnement la réponse la mieux adaptée.

Médecine analytique, médecine holistique

Quelle est l'idée que je défends ici ? C'est la pratique d'une médecine *holistique*. Nous évoluons, en Occident, dans un monde que je dirais analytique. Pour comprendre un phénomène, nous faisons défiler l'écheveau complexe des causes et des effets. Une cause engendre un effet qui est lui-même la cause d'un autre effet. La médecine n'échappe pas à cette manière de penser. Avec cette conséquence qu'elle oublie souvent le malade pour ne s'intéresser qu'à la maladie, elle soigne les symptômes plus que les patients, elle néglige trop les liens invisibles qui unissent toutes choses.

Ces liens, en médecine vétérinaire, l'animal nous les rappelle en permanence. Un jour, un ami m'amène son python royal qui émet des bruits étranges. Il pense à un problème respiratoire et me demande de l'ausculter. L'examen clinique et les clichés radiographiques révèlent pourtant un appareil respiratoire normal. En revanche, je note une grosse masse dans le tiers distal de l'animal. C'est une coprostase. En d'autres termes, une constipation sévère. Les selles étaient tellement comprimées qu'elles étaient dures comme un gros caillou. J'opère donc le python et l'animal rentre soulagé. Mais le traitement ne s'arrête pas là. Une vérification de son terrarium révèle en effet de nombreux défauts dans sa conception. Il s'avère aussi que la gestion quotidienne de l'animal était déficiente. Elle a provoqué chez lui un stress chronique qui a diminué sa motilité intestinale et favorisé la constipation. On n'y pense pas, mais l'absence d'un abri dans un terrarium, par exemple, peut constiper un serpent. Un stress peut – *via* l'hypothalamus – agir sur l'adénohypophyse et provoquer directement une anorexie. Bref, on ne peut traiter efficacement un symptôme sans traiter sa cause profonde. Impossible de guérir une infection bactérienne, par exemple, sans tenir compte des facteurs qui ont affaibli le système immunitaire.

Je dirais que pour moi, la médecine est devenue l'étude des liens qui existent entre *tous* les paramètres inséparables d'un mal-être. L'animal avec son corps et ses émotions, l'environnement avec sa température, sa salinité, son humidité, son hygiène, le cadre biologique qu'il partage avec les autres animaux, la végétation alentour, son alimentation, le propriétaire de l'animal, leurs relations, voire son état de santé qui peut influer : tout est lié !

À l'inverse, la médecine que j'ai apprise se fondait sur une vision analytique – et de fait limitée – de la réalité. Ne lui jetons pas la pierre, reconnaissons qu'elle a permis de nombreux progrès. Grâce à elle, nous opérons à cœur ouvert, nous soignons des tumeurs au cerveau, nous développons la thérapie génique, nous progressons dans les techniques de microchirurgie assistée et dans les investigations diagnostiques en 3D, etc. Résultat : l'espérance de vie, dans les pays avancés, a beaucoup progressé. L'autre face de la médaille, c'est que nous faisons taire nos souffrances à coup d'antidépresseurs, nous mettons des pansements gastriques sur nos ulcères sans chercher les causes profondes du mal, nous sommes systématiquement en mode curatif, rarement en mode préventif.

Les médecines orientales proposent, elles, une approche globale, holistique. La médecine *ayurvédique*, par exemple, est une médecine traditionnelle très vivace en Inde et en Asie du Sud, reconnue par l'Organisation mondiale de la santé. En Occident, elle n'est considérée que comme une médecine alternative. Pour les médecines orientales, guérir une maladie n'est qu'une partie de la médecine, il s'agit surtout de prévenir le mal, de se maintenir en bonne santé.

En juillet 1990, pour me récompenser de ma réussite au concours d'entrée dans les écoles vétérinaires, mes parents m'ont offert un voyage au Tibet. J'ai découvert avec émerveillement ce pays magnifique. J'ai longtemps parlé avec les moines que j'ai rencontrés. Parmi les mille questions que je leur ai posées, je leur ai demandé ce qu'ils pensaient de notre médecine occidentale. Ils m'ont répondu que, s'ils avaient une jambe cassée, ils n'hésiteraient pas à aller se faire opérer dans un hôpital français. Mais pour le reste, ils préfèrent leur propre médecine qui ne procède pas par « à-coups », comme chez nous. Un mauvais médecin, en Chine, est un médecin qui a beaucoup de patients malades. Chez nous, le nombre des clients est la preuve de la qualité d'un médecin. J'ai répondu aux moines que ce qu'ils me disaient faisait d'eux de bons vétérinaires !

Pour un décloisonnement de la médecine

En ce qui me concerne, les termes de médecine « conventionnelle », ou « traditionnelle », ou « alternative » appartiennent au passé. Il faut aller au-delà des dogmes pour faire de la médecine une discipline qui prenne en compte toute la complexité d'un être vivant. L'approche holistique me semble la plus appropriée. On parle aujourd'hui de « médecine intégrative », ce qui me semble aller dans la bonne voie. En Europe, dans les hôpitaux, on commence à intégrer l'acupuncture, et même l'hypnose comme une forme d'anesthésie.

David Servan-Schreiber (1961-2011), l'auteur de best-sellers comme *Guérir* ou *Notre corps aime la vérité,* a contribué plus que d'autres à sensibiliser l'opinion publique à cette médecine dont je parle. Il a créé et dirigé un centre de médecine intégrative à Pittsburgh, aux États-Unis. En France Thierry Janssen, chirurgien puis psychothérapeute, défend dans ses ouvrages le rapprochement intégratif entre les médecines conventionnelles et non conventionnelles. Dans *La Solution intérieure,* il liste plus de sept cents références scientifiques prouvant les bons résultats cliniques de certaines approches dites non conventionnelles. Malgré cela, nombreux sont encore les médecins qui font de la résistance. Quant aux vétérinaires, je dirais qu'ils se condamnent à rester sourds aux appels de leurs patients, les animaux.

Nous croyons à des entités autonomes ou séparées, quand le monde est en réalité un vaste flux d'événements interdépendants. Le mot interdépendance – en sanscrit *pratitya samutpada* – signifie « être par co-émergence ». Une chose ne se produit que parce qu'elle est reliée, coprésente, co-organisatrice. Une maladie est la résultante d'interactions avec des facteurs favorisants, puis déclenchants. Elle peut impliquer les gènes, le mode de vie, l'environnement, des agents pathogènes comme les bactéries, les virus, les champignons, les parasites. Mais aucun de ces facteurs, pris un à un, ne peut engendrer la maladie, l'ensemble est supérieur à la somme des parties. Un écosystème harmonieux est un phénomène holistique. Vous pouvez ne rien y comprendre si vous vous contentez de lister ses composants. Vous serez surtout incapable de prévoir son évolution. Pourquoi ? Parce que l'évolution est incertitude, parce qu'elle est créatrice, c'est même ce qui fait la beauté de la nature. Cette incertitude implique ce que les bouddhistes appellent une *impermanence*, une transformation continuelle. Un état de santé n'est pas un « état », justement. C'est un équilibre en évolution, une transformation de chaque instant. Cela, les animaux le savent bien mieux que nous. Non, ils ne le « savent » pas, ils le vivent ainsi. Chez nous, en revanche, le savoir s'oppose souvent au vécu et parfois il s'y substitue. La maladie est alors le résultat de ce triste jeu de cache-cache.

3

Ils nous aident à guérir

Le saviez-vous ? Le simple fait de caresser un chat diminuerait sensiblement la tension artérielle et le risque d'infarctus chez les cardiaques. Plus étonnant : regarder pendant quelques minutes un aquarium aurait le même effet. Les poissons seraient des calmants naturels, ils vous éviteraient de vous droguer aux benzodiazépines et autres anxiolytiques. Passer un peu de temps avec un animal, le regarder, lui parler, ne serait plus seulement un plaisir, ce serait aussi une thérapie qui favoriserait le sentiment de bien-être et contribuerait à soigner des maladies graves comme l'autisme. Ce n'est pas moi qui le dis, ce sont des thérapeutes. Leur discipline, c'est la zoothérapie.

Zoothérapie au Jardin des Plantes

En 2013, à la demande d'une éducatrice spécialisée de l'unité de psychiatrie de l'enfant (Unité Itard-Pitié Salpêtrière), ma collègue Mathilde Rebuffaud, du Service de médiation et action culturelle de la Ménagerie, a mis en place un programme pédagogique pour les enfants en situation de handicap mental. Ce programme est toujours d'actualité. L'objectif est d'aider ces enfants à enrichir leur vie relationnelle, à renforcer leur capacité d'autonomie, à les responsabiliser en leur donnant l'envie et le besoin de prendre soin d'un être vivant.

Le protocole est le suivant : un groupe composé de trois enfants ou adolescents volontaires, dont la participation a été demandée par les médecins de l'unité, vient à la Ménagerie pour quatre séances hebdomadaires de quatre-vingt-dix minutes. Le but affiché est de leur apprendre à nourrir certains animaux du zoo. Accompagnés par des éducateurs, les enfants sont guidés par une conférencière sur un parcours comprenant trois enclos différents. On commence par un tour global de la Ménagerie, qui leur permet de se familiariser avec le lieu. Puis vient une découverte des coulisses, avec l'observation des soigneurs nourrissant les animaux. C'est l'occasion, pour les enfants, d'avoir un premier contact direct avec les animaux. Enfin, ils participent aux nourrissages. À la fin de la séance, ils ont encore la possibilité de visiter les coulisses du service vétérinaire et de rencontrer les vétérinaires.

Je n'ai pas suivi tous les groupes depuis le début de ce programme, seulement quelques-uns. Les enfants sont toujours émouvants. Certains étaient plutôt renfermés, d'autres plus ouverts. Mais à la fin de chaque séance, tous semblaient contents de leur journée.

Au total, dès la première année du programme, le bilan s'est révélé positif. L'atelier a été une source de gratification et de plaisir pour chaque enfant. La progressivité des séances, qui a débouché sur le nourrissage des animaux, les a responsabilisés et valorisés. L'expérience vécue au zoo a permis d'entraîner leur mémoire en les incitant à se souvenir des prénoms des animaux, de ce qu'ils mangent, des soins qu'ils réclament, etc. Ils ont appris à se repérer dans l'espace en se servant d'un plan pour venir à l'enclos et ont engrangé de nombreuses connaissances sur la vie sauvage en s'informant auprès des soigneurs et des autres intervenants adultes. À l'hôpital, il semble que notre atelier soit le plus spontanément cité lors des entretiens familiaux. Tous les enfants qui en parlent le font, dit-on, avec plaisir.

Un dimanche matin, par hasard...

Il y a bien des manières de se guérir – ou d'améliorer sa santé, physique ou mentale – avec les animaux. Nos ateliers du zoo en sont une. Une autre consiste à introduire un animal dans le cabinet d'un psychothérapeute. C'est d'ailleurs ainsi que la zoothérapie est née, un jour de 1953.

Nous sommes un dimanche. Tôt le matin, le docteur Boris Levinson reçoit un appel anxieux du père d'un jeune autiste, Johnny, dont le comportement s'est aggravé au point que les parents craignent un internement dans un institut spécialisé. Le docteur leur propose de venir à son domicile. Une heure après, ils sonnent à la porte. Le petit Johnny est avec eux. Il a le regard perdu dans le vague et semble complètement mutique. Dix minutes passent, la conversation n'avance guère. À ce moment se produit un événement inattendu. Le chien du docteur, Jingles, entre dans le bureau. Johnny le regarde. Il se lève, va droit vers le chien, le caresse. Et il prononce quelques mots ! Étonnement des parents, cela faisait bien longtemps que leur fils gardait le silence. Ils veulent l'écarter de l'animal, mais Boris Levinson les arrête. Et si la présence du chien pouvait être un appoint pour aider à guérir le jeune garçon ?

La zoothérapie « officielle » est née ce jour-là. Elle consiste à se servir de la présence d'un animal pour faciliter la communication d'un thérapeute avec des malades souffrant de handicaps relationnels sérieux, comme les déprimés ou les autistes tels que Johnny. Un chien avec le docteur Levinson, mais l'animal peut aussi bien être un chat, un lapin, un perroquet, etc. Toutes ces thérapies ont même reçu des noms de baptême : *cynothérapie* avec un chien, *équithérapie* avec un cheval, *delphinothérapie* avec des dauphins.

S'il a fallu attendre le docteur Levinson pour que la zoothérapie devienne une discipline à part entière, elle ne date pas d'hier. Xénophon écrivait en son temps que « le cheval est un bon maître, non seulement pour le corps, mais aussi pour l'esprit et pour le cœur ». En Belgique, au Moyen Âge, on confiait à ceux qu'on appelait alors des « idiots » la garde d'oiseaux pour les aider à se calmer. Quelques siècles plus tard, un anglais, William

Tuke, fonde un établissement dans le Yorkshire où il propose à des malades mentaux de prendre en charge des animaux de la ferme. Cette manière de les responsabiliser, dit-il, améliore leur santé mentale. *Idem* après la première guerre mondiale, dans l'état de New York, où l'Air Force Convalescent Center fait appel à des chiens pour resocialiser les soldats traumatisés des tranchées. Mais il ne s'agissait là que d'expériences isolées, empiriques. La nouveauté, avec le docteur Levinson, c'est que la zoothérapie devient peu à peu une discipline reconnue de la psychothérapie.

Reconnue… pas tout de suite ! Dès que Boris Levinson commence à publier des articles sur ses expériences, la plupart de ses collègues psychothérapeutes préfèrent marquer leurs distances. Il faudra vingt ans pour que la zoothérapie gagne ses lettres de noblesse, grâce aux travaux d'un couple de psychiatres, Samuel et Élisabeth Corson, qui proposent la méthode – un peu en désespoir de cause – à des enfants résistant jusque-là aux psychothérapies habituelles. En France, le vétérinaire Ange Condoret a mis au point en 1978 sa propre méthode, l'Intervention animale modulée précoce. Les résultats sont positifs, la médiation animale incite incontestablement les enfants à sortir de leur isolement, mais la zoothérapie reste encore suspecte au pays de Descartes. Au Québec, en revanche, elle a trouvé plus facilement son chemin.

Les bienfaits de la zoothérapie

La zoothérapie a également été étudiée dans un contexte de recherche. On a montré (Gonski, 1985) que la présence d'un chien dans une famille d'accueil contribuait à améliorer le comportement des enfants maltraités ou abandonnés. D'autres chercheurs (Friedmann, 1980) ont établi que les malades souffrant d'une pathologie cardiaque lourde et possédant un animal de compagnie avaient une espérance de survie augmentée d'un an par rapport aux personnes vivant sans animaux.

Dans un autre registre, les statistiques montrent que la perception psychosociale d'une personne est considérablement améliorée si elle possède un animal. Elle devient plus attractive. On sourit quatre fois plus à une personne en chaise roulante si elle est accompagnée d'un chien. C'est un détail qui a son importance quand il s'agit de faciliter l'insertion sociale des handicapés. Un ami vétérinaire me disait que, depuis qu'il a mis une mascotte dans sa salle d'attente (il s'agit d'un chat handicapé), les clients qui attendent leur consultation sont plus patients et moins anxieux. Enfin, l'aide d'un animal peut se révéler utile pour resocialiser des populations marginalisées, comme les prisonniers et les délinquants.

Dans la grande majorité des cas, les zoothérapeutes travaillent avec des chiens et avec des chevaux. Viennent ensuite les chats, les oiseaux, les poissons, les dauphins, etc. Tous ces animaux doivent impérativement être « entraînés par des techniques de renforcement positif (nourriture), correctement logés et soignés », selon la définition donnée en conclusion de la huitième conférence internationale sur les relations homme-animal.

Équithérapie

L'équithérapie est apparue en France dès 1968 grâce à une psychomotricienne et psychothérapeute, Renée de Lubersac. Elle s'avère efficace pour des indications comme les pathologies physiques ou mentales (dépression, troubles du comportement alimentaire, addictions). En France, en 1986, a été créée la *Fédération nationale de thérapie avec le cheval*. Elle propose une formation diplômante, validée par une attestation universitaire.

L'équithérapie est impressionnante. Je ne l'ai pas moi-même pratiquée, mais j'ai été témoin de quelques expériences. Lors d'une émission avec Adriana Karembeu, nous avions filmé une ferme en Australie qui propose et pratique l'équithérapie. Adriana m'a confié avoir peur des chevaux, mais elle a accepté de jouer le jeu pour l'émission. L'équithérapeute lui a demandé de se positionner au milieu d'un enclos où il y avait plusieurs chevaux et de les laisser venir à elle. Un beau cheval blanc s'est alors approché d'Adriana... qui a fondu en larmes ! Je vous assure que ce n'était pas de la comédie. Il a fallu ensuite qu'elle promène le cheval et qu'elle lui fasse franchir un certain nombre d'obstacles. Il a invité Adriana à identifier (dans le secret de sa pensée) chacun de ces obstacles à un défi personnel dans sa vie. Elle l'a fait, de bonne grâce.

La suite est étonnante : alors que certains obstacles étaient franchis sans difficulté, pour d'autres l'animal refusait d'avancer ou choisissait de passer à côté ! Adriana nous avoua qu'elle avait associé ces obstacles à des problèmes intimes, qu'elle n'avait pas réussi à régler. Nous étions tous très émus de la voir se dévoiler ainsi, malgré elle. Je l'ai dit et je le répète : il n'y a rien de magique là-dedans, aucune forme de « télépathie ». Le cheval, comme tous les animaux, communique directement avec nos émotions. Il ne nous juge pas, il nous renvoie à nous-même.

La delphinothérapie

Destinée aux enfants autistes ou trisomiques, la delphinothérapie est à la mode. Elle se déroule le plus souvent dans un delphinarium, sous la surveillance d'un dresseur professionnel. On trouve de tels établissements en Polynésie française, en Floride, en Israël, au Mexique. Le dauphin a cette particularité d'être un animal très empathique, très curieux, qui vient librement au contact des humains. Cette qualité facilite énormément les interactions, plus encore qu'avec les chiens ou les chats. Le contact des enfants autistes avec les dauphins qui mettent la tête hors de l'eau fait merveille, il parvient à conquérir les plus mutiques d'entre eux. Lors des séances en piscine, les ultrasons émis par le dauphin agissent comme de véritables échographies qui fournissent à l'animal une image mentale de l'état émotionnel des enfants avec lesquels il interagit. Des observations ont établi que le cerveau du dauphin est doté en effet, en plus du néocortex et du système limbique, d'un lobe paralimbique et de neurones en fuseaux destinés au traitement fin des émotions. Leur équipement neuronal confère à ces animaux cette apparence intelligente, rieuse, accueillante, merveilleusement « sympathique », qui peut faciliter le déblocage du comportement des enfants autistes.

Pouvoirs et limites de la zoothérapie

Chiens, chevaux, dauphins : dans tous les cas, le mode d'intervention des animaux est le même. Parlant le langage des émotions, ils sollicitent les ressorts les plus profonds, les plus inavoués de notre vie intérieure. Je ne crains pas de le redire et d'y insister, c'est le cœur même de ce livre. Ce canal des émotions ne nous permet pas seulement de mieux communiquer avec les animaux, il nous permet aussi de mieux communiquer avec nous-mêmes. Et, parfois, de nous guérir. Attention, toutefois, à reconnaître les limites de la zoothérapie. Quelles que soient ses qualités, elle reste une thérapie parallèle à la médecine conventionnelle, elle ne peut s'y substituer. Un zoothérapeute ne pourra soigner un cancer ou une maladie cardiovasculaire grave.

Par ailleurs, chacun ne réagit pas de la même manière avec les animaux. Si leur contact se révèle très bénéfique pour certains patients, il ne l'est pas pour tout le monde. Comme avec toutes les thérapies nouvelles, il faut prendre les précautions qui s'imposent. Il reste dommage, cependant, que les avancées de la zoothérapie soient encore si timides, particulièrement dans notre pays.

4

Ils nous révèlent l'origine de nos souffrances

Si l'homme est un animal, ce que tout atteste, il souffre aussi comme un animal. J'irai plus loin : en observant et en comprenant mieux la souffrance des animaux, nous pourrons saisir les racines les plus profondes de la souffrance humaine.

L'expérience de la douleur

Partons d'abord de la douleur. Sa prise en charge, comme on le sait, est assez récente. Quand je me formais comme vétérinaire, on opérait souvent les animaux sans leur administrer des antalgiques (qui permettent une atténuation sélective de la perception de la douleur) ou des analgésiques (qui suppriment la sensibilité à la douleur). L'anesthésie suffisait, ou semblait suffire.

On ignorait alors que les voies de la douleur sont multiples. Prenons par exemple l'isoflurane, que vous connaissez peut-être si vous avez été opéré. C'est un gaz anesthésiant, mais pas un analgésique. Opérer en ne se servant que d'isoflurane ou de sévoflurane revient pratiquement à pratiquer une vivisection ! Il faut savoir que les conséquences d'un stimulus douloureux peuvent être sérieuses. Parmi les plus significatives, on citera l'anorexie, l'apathie ou un affaiblissement du système immunitaire, provoquant l'apparition de complications. Des réactions inflammatoires excessives peuvent aussi induire des dommages tissulaires et allonger les délais de guérison. La douleur peut également constiper (on parle dans ce cas précis d'*ileus*) et renforcer une anorexie préexistante, etc. Enfin, si l'on utilise des antalgiques et des analgésiques, il faut moins de doses de produits anesthésiants pour endormir un animal. Il se réveille mieux et plus rapidement, il récupère plus vite. On évite aussi les accidents chirurgicaux. En revanche, lorsqu'on opère sans analgésie, l'animal peut littéralement mourir de douleur !

La situation n'était guère différente en médecine humaine. On a longtemps cru, par exemple, que le système nerveux des bébés était immature et qu'ils étaient moins sensibles à la douleur. On opérait donc les nourrissons comme les animaux, sans analgésie ! On endormait la conscience, mais pas la douleur. Il a fallu la publication d'études spécialisées pour qu'on s'aperçoive que le taux de survie des nouveau-nés ayant reçu de la morphine était considérablement plus élevé que celui des bébés ayant été simplement endormis.

Leur besoin quasi obsessionnel de tracer des frontières entre les êtres vivants a poussé aussi les hommes à penser que les reptiles, les amphibiens et les poissons étaient insensibles à la douleur. Seuls les mammifères et les oiseaux, les animaux à sang chaud, avaient ce privilège. Nous savons aujourd'hui que c'est faux. Que de tortures inutiles leur avons-nous infligées au nom de nos préjugés ! De nos jours encore, quand je vois passer certains protocoles de recherche au sein des grands laboratoires, je me dis que ces idées fausses n'ont pas disparu. Beaucoup d'entre eux n'envisagent pas d'anesthésie (ce ne sont pas des vétérinaires, qui n'ont pas été formés dans cet esprit). L'animal est vu là comme un modèle, un outil d'analyse, pas comme un être sensible.

Comment, en l'absence de signaux d'alerte, repère-t-on la présence d'une douleur ? Les hommes se plaignent, ils crient, ils hurlent. L'animal, lui, reste souvent silencieux. L'expérience m'a tout de même appris à être attentif à quelques signes généraux. Souvent, l'animal souffre d'anorexie. Il est prostré, il semble léthargique. Son apparence a changé. Un regard vide, des yeux mi-clos, un dos voûté, une tête en extension. Il peut souffrir aussi de pertes d'équilibre. Les mammifères ont les poils hérissés, les oiseaux se perchent avec réticence ou changent fréquemment de posture. Il faut observer aussi des signes cliniques. Des selles moins fréquentes, plus petites ou absentes, la présence d'une polypnée (accélération de la respiration), une douleur à la palpation, des surinfections. Enfin, l'animal en souffrance lèche souvent la zone douloureuse. Chez les oiseaux, on observe le phénomène du « piquage » : l'animal se plume d'une façon excessive, pouvant aller jusqu'à l'automutilation.

La souffrance se manifeste aussi, chez les mammifères, par des grincements de dents, une agressivité inhabituelle chez des sujets normalement calmes, un surtoilettage chez les uns, une absence de toilettage chez les autres, etc.

Chez les animaux, comme chez les humains, on constate des seuils de résistance à la douleur. Ils dépendent largement de l'espèce. Les chevaux, par exemple, sont très douillets. Le seuil dépend aussi de l'individu. Il y a des chiens stoïques alors que d'autres sont de véritables « poules mouillées ». À l'intérieur d'une même espèce, chacun a sa propre expérience de la douleur et sa manière d'y réagir.

De la douleur à la souffrance

Comment la douleur devient-elle une souffrance ? Si le mot « douleur » fait référence en priorité à une atteinte physique, le mot « souffrance » a une acception plus large. Le dictionnaire Larousse la définit comme une douleur physique ou morale. Ces deux dimensions, ou ces deux aspects du mal-être, sont étroitement mêlées. En plus de la douleur physique, la souffrance mobilise la dimension de la vie émotionnelle, elle atteint la mémoire et même la personnalité du souffrant. La définition de la souffrance par l'Organisation mondiale de la santé me semble particulièrement intéressante : « La souffrance qualifie un être qui supporte, endure ou subit une douleur physique et morale, un état de mal-être, c'est-à-dire un sentiment de non-adaptation au monde, d'étrangeté aux êtres et aux choses, d'indifférence douloureuse. »

Cette définition englobe l'expérience douloureuse et ses répercussions sur la manière d'être au monde. Non-adaptation, étrangeté, indifférence.

Dans le cas des animaux, c'est plutôt le monde qui n'est pas adapté – ou moins bien – à l'individu-animal. Les espèces qui souffrent le plus se recrutent préférentiellement chez celles au cortex frontal bien développé, comme les mammifères. Leurs fonctions cognitives, plus complexes, favorisent aussi – c'est sans doute le prix à payer – de plus grandes souffrances. On peut difficilement mettre sur un même plan un dauphin ou un éléphant et un ver de terre ou une grenouille. Mais après tout, qu'en savons-nous ? Si la souffrance, contrairement à la douleur, est invisible, il n'y a pas plus de sens à distinguer l'homme de l'animal que le léopard de la grenouille.

La souffrance introduit une nouvelle dimension chez les êtres vivants : celle du *psychisme*. Aristote, pour qui la différence entre l'homme et l'animal tenait à la présence ou à l'absence d'un langage articulé, ne voyait pas d'inconvénient à attribuer une âme sensible aux animaux. Certains philosophes présocratiques, comme Pythagore, croyaient même à la métempsychose. Après la mort, les âmes migraient vers un autre corps, humain ou animal. Le bouddhisme, lui, considère tout être vivant – donc les animaux aussi – comme sensible et capable de souffrir.

À l'aube des temps modernes, Descartes, dans la cinquième partie de son *Discours de la méthode*, émet la thèse célèbre de l'animal-machine. On y voit aujourd'hui une conception très régressive de l'animal en Occident. On oublie que son hypothèse fut aussitôt combattue par une grande figure de la science comme Gassendi ou, un siècle après, par un philosophe tel que Condillac. En revanche

Buffon, le grand Buffon, tomba lui aussi dans le piège de cette vision mécaniste. Il faut n'avoir jamais vu le moindre animal de sa vie pour penser qu'un lapin ou un petit chien, par exemple, sont des robots de chair, insensibles à la douleur. C'était peut-être le cas de Descartes, mais Buffon – qui fut tout de même le créateur du Jardin des Plantes où je travaille – est pour moi une énigme. Car les animaux, lui, il en avait vu ! Ce qu'il observait, pourtant, ne faisait pas le poids face au rationalisme, quand celui-ci n'est plus une méthode mais devient une idéologie. Sur ce plan, les empiristes anglo-saxons, à la même époque, avaient la tête mieux vissée sur leurs épaules. Il est vrai qu'on devait voir plus de lièvres dans les jardins à l'anglaise du Hampshire que dans les parcs, tondus jusqu'au dernier brin d'herbe, des jardins à la française.

Et l'homme, là-dedans ? Au début de ce livre, je rappelais que la dimension de la souffrance était commune à tous les êtres vivants, de l'homme au ver de terre. Et si, à présent, nous faisions le chemin en sens inverse, si nous partions de l'animal pour mieux comprendre la souffrance humaine ? Je ne parle pas ici de la souffrance provoquée par les tragédies quotidiennes (un accident de la route par exemple) ou par les tempêtes de l'histoire (guerres, révolutions). Non, je veux parler de cette souffrance de base, de la souffrance existentielle qui nous caractérise tous en tant qu'êtres humains. Les philosophes, de Pascal à Kierkegaard, l'ont cernée de bien des façons. Mais jamais, à ma connaissance, on ne l'avait regardée par le petit bout de la lorgnette des animaux.

En deux mots : la souffrance animale a-t-elle quelque chose à nous apprendre sur la dimension ontologique de la souffrance humaine ? Beau sujet pour le baccalauréat !

La pyramide des besoins

Je réponds oui. La souffrance animale et la souffrance humaine ont quelque chose de commun, c'est le besoin. Tous les êtres vivants sont des êtres de besoins. Pour l'animal, les besoins se traduisent surtout en termes d'« absence de... » : absence de douleur, absence de faim, de soif, d'anxiété, de peur, etc.

Pour l'homme, je me référerai à Abraham Harold Maslow, un célèbre psychologue américain qui a proposé une hiérarchie des besoins, souvent représentée par une pyramide à cinq niveaux. Elle vaut pour les hommes, mais j'estime qu'elle vaut aussi pour les animaux[1].

À la base, on trouve les besoins physiologiques. Respiration, alimentation, élimination, maintien de la température, repos et sommeil, activité musculaire et neurologique, contact corporel, vie sexuelle. Ces besoins fondamentaux assurent la survie physique d'un être vivant, homme ou animal. Sans cette base, on ne construira rien sur les étages supérieurs de la pyramide. C'est le cas, hélas, pour une partie de l'humanité, celle qui se trouve en dessous du seuil de pauvreté.

À l'étage suivant, Maslow place les premiers besoins psychologiques. Le besoin de propriété, celui d'avoir des choses et des lieux à soi. Dans un parc zoologique, cela se résume à un bon enclos, avec des abris, afin que

1. On trouvera sa théorie exposée dans plusieurs ouvrages dont : *Besoins fondamentaux, motivation et personnalité* (1956), ou *L'Accomplissement de soi, de la motivation à la plénitude*, Éditions d'Organisation, 2013.

l'animal se sente en sécurité et ne subisse pas le stress provoqué par le voisinage avec d'autres espèces.

Vient ensuite le besoin d'appartenance et d'affection. Lorsque vous êtes en sécurité, repu et sexuellement comblé, vous n'avez pas atteint la félicité car vous avez encore besoin de faire partie d'une famille, d'un groupe, d'une tribu. L'animal (en tout cas les animaux sociaux) éprouve les mêmes besoins. En parc zoologique, si vous isolez ou si vous déménagez un animal sans lui laisser le temps de prendre ses marques, il déprimera et présentera des troubles comportementaux.

Ensuite, toujours dans la pyramide de Maslow, arrive le besoin d'estime de soi, le sentiment d'être utile et d'avoir de la valeur, points de départ de l'acceptation de soi et du développement de l'indépendance. Nous entrons là dans une dimension qui implique ce qu'il faut bien appeler un « soi », le sentiment d'une identité. Ce stade, j'ai pu l'observer à la Ménagerie du Jardin des Plantes. J'ai quatre orangs-outans, dont l'une est un peu délaissée. Quand un nouveau mâle est arrivé, elle a manifesté par son comportement qu'elle avait besoin d'être reconnue, estimée par le nouveau venu. Il était clair que c'était bien de « soi » qu'il s'agissait. Ce stade, les hommes le connaissent très bien en milieu professionnel. Nous avons besoin que nos efforts, notre valeur, soient reconnus et appréciés.

Arrivés là, nous voyons émerger le cinquième stade des besoins. Il concerne le développement, la réalisation de soi. Ce stade permet de nourrir sa vie intérieure. Chez de nombreuses personnes, le besoin de se réaliser passe par des besoins intellectuels (besoin d'apprendre, de découvrir, de voyager), spirituels (besoin d'un « supplément d'âme »), esthétiques (musique, arts plastiques). C'est à ce stade que nous entrons dans l'aspect *humain* de la condition animale. Car la réalisation de soi est aussi repérable chez les grands singes : quand mon orang-outan, par exemple, fait un dessin. Ou quand d'autres grands singes, eux, font des nœuds. Bien sûr, la captivité les y pousse, ils ne le feraient sans doute pas dans la nature. Mais, j'en ai la certitude, ils en seraient capables.

Cette pyramide de Maslow, souvent caricaturée, ne doit pas être comprise comme un modèle figé. Au contraire, il faut bien voir que les différents étages communiquent entre eux, ce sont des éléments dynamiques qui s'entrecroisent et se nourrissent mutuellement. Je ne l'ai évoquée que pour mieux éclairer mon propos : les racines animales de la souffrance.

La clé de la souffrance

Ces racines, quelles sont-elles ? Pour l'animal, c'est simple, le besoin se fonde sur le manque. Et quelles sont les réponses ? Elles peuvent être immédiates, comme une réponse physiologique instantanée. Ou plus progressives, comme une accoutumance qui se réalise dans le temps. L'important est de noter que la satisfaction d'un manque se traduit toujours par l'apparition de nouveaux manques, qui sont eux-mêmes la conséquence de l'adaptation d'un organisme à son milieu.

Prenons par exemple le besoin alimentaire. Les animaux se caractérisent par leur *hétérotrophie*, c'est-à-dire par la nécessité de se nourrir de constituants organiques préexistants. Pour y parvenir, ils vont développer toutes sortes de comportements. Cela va du prédateur hyper-spécialisé aux parasites, en passant par les herbivores et les nécrophages. Avec, parfois, des adaptations spécifiques. En milieu naturel, un lion aura besoin de proies entières et non de simples morceaux de viande, sans quoi il développera des carences alimentaires. Le régime alimentaire du grand panda doit être fait quasi uniquement de bambous, jusqu'à vingt kilogrammes par jour. Un amphibien ne peut manger, lui, que des proies vivantes, etc.

Prenons à présent le besoin sexuel primaire. Chez les vertébrés supérieurs, contrairement à d'autres espèces, les différences anatomiques et comportementales entre mâles et femelles sont nettement marquées. Quel que soit le comportement sexuel d'un individu, une femelle ne produira jamais de spermatozoïdes et un mâle jamais d'ovules. Plus la différence sera importante, plus le manque d'un sexe à l'autre sexe se fera sentir. Tel est le processus : du besoin au manque, du manque à l'adaptation, de l'adaptation à un nouveau besoin et à un nouveau manque, etc.

Chez l'homme la mécanique est identique, mais à un degré bien plus important. L'homme éprouve, comme l'animal, des besoins et des manques. Comme l'animal, il s'efforce tant bien que mal de s'adapter, c'est-à-dire de les combler. Je dis « tant bien que mal » parce qu'à chaque adaptation apparaissent, là encore, une carence et donc un nouveau manque.

Sauf que chez l'homme, le cycle s'emballe et s'amplifie. Est-ce un effet de la complexité de son cerveau ? De son accès au langage et à la culture ? De sa nature d'animal social ? Je ne saurais le dire, mais force est de constater que la spirale des besoins et des manques s'exacerbe chez l'homme, comme élevée à la puissance dix. Ce qui a fait dire aux psychanalystes que l'homme est avant tout un être de désir. L'animal a des besoins, l'homme éprouve des désirs. Au-delà du besoin, le désir est cette puissance irrépressible qui pousse l'homme à chercher à combler ses manques dans une course interminable et jamais vraiment satisfaite. C'est une disposition de l'âme, plus que de la physiologie ou de l'adaptation au milieu.

Prenons l'exemple de la domestication et de l'élevage. À l'origine, il s'agissait pour l'homme de subvenir à un besoin fondamental. L'homme a domestiqué ce qui était domesticable et peu à peu l'élevage a remplacé la chasse. Au début, rien sur ce terrain ne distinguait l'homme des animaux. Certaines espèces, comme les fourmis, pratiquent aussi des formes d'élevage ou d'esclavage d'autres espèces. La nouveauté, chez l'homme, c'est ce qui arrive après. Peu à peu, la sédentarisation accompagne la domestication des plantes et des animaux, c'est ce que les préhistoriens appellent *la révolution néolithique*. Cette sédentarisation, qui est à l'origine de l'édification des premiers villages, puis des premières cités, aura d'immenses conséquences. Elle tracera des frontières économiques inédites entre les hommes, elle produira une répartition inégalitaire des tâches entre les sexes. La recherche du profit, de la rentabilité, la course aux richesses entraîneront une hiérarchisation de la société, une division entre propriétaires et non-possédants, elles donneront naissance aux oligarchies, aux tyrannies, aux despotismes. Bref, elles créeront de nouveaux manques et de nouvelles souffrances.

Des besoins au désir

Quant à la satisfaction des besoins, elle se changera en une recherche permanente du plaisir. Encore une fois, l'animal mange avec son estomac, l'homme avec son cerveau. L'homme ne sait pas s'arrêter, son désir devient vite insatiable. Nous sommes si soucieux du plaisir que nous n'en obtenons jamais assez. En stimulant nos organes sensoriels jusqu'à ce qu'ils deviennent insensibles, nous partons à la recherche de plaisirs sans cesse renouvelés. Sans nous en rendre compte, nous perdons la connexion avec notre propre corps, nous ne l'écoutons plus. Pire, nous ne lui faisons plus confiance.

Dans les sociétés dites primitives, les femmes accouchaient chez elles, voire en travaillant dans les champs. Elles accomplissaient, aidées ou non, les quelques gestes nécessaires pour s'assurer que le bébé était en bonne santé, au chaud et en sécurité. Le plus souvent, la femme dite civilisée accouche à l'hôpital, dans un contexte ultra-médicalisé et protégé. Je ne le déplorerai pas, de nombreux décès ont pu, grâce à cela, être évités. J'observe seulement que nous faisons plus confiance aujourd'hui à un échographiste ou à une sage-femme qui nous est inconnue qu'à notre propre corps. Nous nous sommes éloignés de la nature.

Très vite, dans les sociétés qui se sédentarisent, la concurrence est apparue entre les hommes. On se fuit et on se rapproche, pour se fuir à nouveau. On se lie, on s'affronte, on s'agresse, puis on s'apaise pour s'affronter une nouvelle fois. Les convoitises sexuelles, la cupidité, la jalousie nous dressent les uns contre les autres. Nous ignorons trop souvent les mécanismes de résolution des conflits qui dominent chez les animaux, nous sommes capables du pire et du meilleur, des plus beaux sacrifices comme des crimes égoïstes les plus abjects. Ainsi que le remarquait le philosophe-anthropologue Edgar Morin, « nous portons en nous une capacité inouïe de pâtir et de jouir, une capacité de brutalité illimitée et de tendresse infinie, et nous pouvons passer quasi instantanément de l'un à l'autre. C'est cela notre nature de mammifère, qui porte en elle plus de férocité et d'amour que nulle autre ».

Toutes ces forces attractives et répulsives ne traduisent que des manques, tous ces manques portent en eux la marque d'une souffrance impossible à calmer. L'origine de cette maladie de l'âme, comme nous l'avons vu, est animale, c'est la spirale interminable des besoins qui se succèdent. La conscience humaine y ajoute la dimension nouvelle du désir, qui change une vie humaine en une course sans fin.

Dans la tradition bouddhiste, dans laquelle j'ai grandi, on enseigne que tous les êtres humains partagent un même malaise : l'insatisfaction. Tout le monde est insatisfait, personne ne sait se contenter de ce qu'il a. Pour le Bouddha, c'était le problème fondamental de toute l'humanité. À l'origine de notre mal-être, dit le Bouddha, il y a le désir, l'avidité, l'envie d'avoir ou d'être toujours plus. Quand nous croyons contrôler notre vie, c'est le désir qui nous contrôle. C'est ainsi, selon le bouddhisme, que nous passons de vie en vie. Mais, réincarnation ou pas, comment mettre fin à ce cycle infernal ?

Ma réponse personnelle n'est pas de revenir, une fois de plus, à l'enseignement des textes sacrés, on l'a souvent fait (et je l'ai moi-même fait) au cours de l'histoire, avec des résultats limités. Ma réponse consiste à dire : regardons les animaux, oublions un temps la sagesse humaine, méditons celle des animaux.

Cela ne signifie pas renoncer au désir, puisque le manque les habite eux aussi. Mais ils savent, sans doute mieux que nous, résister à cette maladie que, faute de mieux, j'appellerai *l'embrasement, la mise à feu du désir.*

Je suis vétérinaire, pas philosophe. Pour moi, tout ce qui excède une norme raisonnable relève de la pathologie. L'emballement du désir dont je parle me fait penser à une sorte de cancer de l'âme. Nul doute qu'il fut chez l'homme à la source de bien des progrès. Serions-nous allés sur la Lune si nous n'avions pas eu ce désir un peu fou de dépenser des sommes énormes pour poser deux hommes, en 1969, dans la mer de la Tranquillité ? Mais le désir sans frein, la course au « toujours plus » est la source de tant de barbarie ! Si nous comparons notre « pyramide de Maslow » devenue incontrôlable à celle plus tempérée des animaux, avons-nous tellement gagné au change ? Je sais qu'il n'est pas facile de répondre, le progrès humain est une valeur à laquelle nous n'avons pas envie de renoncer. Mais le temps n'est-il pas venu de faire une pause et de prêter l'oreille à ce que chuchote, au creux de notre cœur, l'animal secret qui vit en nous ?

IV
LA SCIENCE DES ANIMAUX

1

Ils inspirent les technologies de demain

Pour les anciens Grecs la sagesse, entendue comme un art de vivre, allait de pair avec le savoir de la science sur le monde. D'ailleurs le mot *sophia*, qui signifie en grec « sagesse », peut se traduire aussi par « connaissance ». Un savant, un homme instruit était légitime pour dire son avis sur la qualité du lien social et sur les relations des hommes avec le monde qui les entoure. Les deux notions n'étaient pas séparables, comme aujourd'hui. C'est important de le noter à l'heure où l'égoïsme des hommes, en dépit de ce qu'ils *savent*, met notre planète en danger. Sur ce terrain aussi, je crois que les animaux ont beaucoup à nous apprendre. Depuis quelques années, une branche nouvelle de l'innovation technologique, le « biomimétisme » (ce n'est pas le terme le plus élégant qu'on aurait pu choisir), s'inspire des trouvailles du vivant pour donner forme aux inventions les plus grosses d'avenir. En voici quelques exemples.

Les winglets des cigognes

Comme tout le monde, quand je prends l'avion, il m'arrive de jeter un coup d'oeil par le hublot. J'ai souvent été intrigué par une petite nouveauté : deux ailerettes, à chaque extrémité des ailes, qui n'existaient pas auparavant. Renseignements pris, on les appelle des *winglets*. C'est une innovation très utile, inspirée par l'observation des animaux.

Le problème qui se posait aux ingénieurs aéronautiques consistait à réduire l'effet nuisible créé par les tourbillons dits « marginaux » qui se forment au bout des ailes et opposent une résistance à l'avancée de l'avion. Ce phénomène est très ennuyeux car il impose une dépense de carburant supplémentaire. C'est dispendieux pour les compagnies d'aviation et c'est désastreux pour notre atmosphère, déjà saturée de CO2. Dans un premier temps, on a envisagé d'allonger la longueur des ailes des avions, mais on s'est vite heurté à des limites techniques et économiques. Les ingénieurs se sont alors tournés vers une astuce moins onéreuse, suggérée par le vol des cigognes, des buses ou des aigles. Que constate-t-on ? Plus le courant de l'air est fort, plus le bout de leurs ailes se courbe. Cette nouvelle configuration diminue la résistance aérodynamique, un effet qui a été démontré expérimentalement en soufflerie. C'est ainsi que sont nés les winglets. Ils permettent de récupérer une partie de l'énergie des tourbillons marginaux (excellent pour la vitesse) et de réduire la consommation en carburant (excellent pour la planète).

Cette nouvelle méthode, qui consiste à aller chercher dans la nature et chez les animaux des idées qui ont affronté l'épreuve du temps et de l'efficacité fonctionnelle, c'est ce qu'on appelle aujourd'hui le « biomimétisme ».

La bible du biomimétisme

Le biomimétisme a sa bible. Son auteur est une chercheuse américaine, consultante en innovation dans le Montana, Janine Benyus. En 1997 elle publie *Biomimicry Innovation Inspired by Nature*. Son livre n'a pas fondé le biomimétisme, qui existait depuis longtemps. Mais il lui a donné ses lettres de noblesse en rassemblant des trouvailles éparses et en offrant une cohérence d'ensemble à ce qui est devenu, depuis, une nouvelle philosophie de la technique. Je dirais, moi, une forme de sagesse technologique. L'idée est d'imiter les plus belles inventions de la nature pour mettre au point des formes, des matériaux et des systèmes de production plus efficaces, plus durables, plus écologiques.

Janine Benyus cite de nombreux exemples suggérés par le monde botanique. Le premier est très célèbre : pour inventer le Velcro, en 1948, l'ingénieur suisse George de Mestral s'est inspiré des fleurs de chardon qui s'étaient accrochées à son manteau. De même, la surface hydrophobe des fleurs de lotus a donné naissance aux peintures et aux verres autonettoyants, qui se débarrassent efficacement de toutes les poussières et salissures.

Les animaux, eux aussi, ont été de belles sources d'inspiration. Léonard de Vinci l'avait compris dès la fin du XVe siècle en dressant les plans d'une machine volante dont la forme lui avait été inspirée par l'observation d'un oiseau rapace, « *il grande nibbio* », le milan noir. Ce n'était pas la vision imaginaire d'un peintre, mais un vrai projet technique qui prévoyait les matériaux à utiliser, les dimensions de l'appareil, la position du pilote, etc.

D'autres, plus tard, lui emboîteront le pas. Les frères Wright, par exemple, ont conçu leur avion en observant le vol des vautours. Quant à la tour Eiffel, on l'ignore peut-être, mais sa forme copie la structure en réseaux de l'os le plus puissant du corps humain, le fémur. Regardez la tour avec une planche anatomique entre les mains. C'est flagrant.

Aujourd'hui, pour Janine Benuys, nous sommes arrivés à la croisée des chemins : « nous vivons actuellement un moment décisif, dans la mesure où une grande partie de l'infrastructure de ce siècle doit être remplacée, y compris les autoroutes, réseaux d'énergie et de communication, installations de traitement des eaux et usines, tous obsolètes, de même que nos modèles économiques. Mais désormais, quand nous recueillons des projets de politiques et de travaux publics, nous devons nous assurer que les plans de la nature seront en haut de la pile[1] ».

Là encore, notre comportement doit changer. Avant, l'homme se servait sans vergogne dans la nature, il prenait ce dont il avait besoin sans se soucier des conséquences.

1. Janine Benyus, *op. cit.*

Le résultat de cette arrogance a été si catastrophique qu'il en arrive aujourd'hui à une attitude plus modeste : observer la nature afin de comprendre comment il pourrait imiter ses inventions les plus performantes, mises au point après des lustres d'évolution, notamment chez les animaux. En voici quelques exemples spectaculaires.

Le TGV martin-pêcheur

Au risque de vous décevoir, sachez que le TGV n'est pas une invention française. Près de vingt ans avant nous, les Japonais ont inauguré en 1964 un système de trains à grande vitesse qui reliaient les principales villes du Japon à plus de 300 kilomètres à l'heure. C'est le système *Shinkansen*. Les Japonais ont réussi à faire un train qui roule vite, d'accord. Mais comment en faire un train silencieux ? Car le Japon est un petit pays, très peuplé. Le Shinkansen traverse de nombreuses zones urbaines en provoquant sur son passage les dégâts acoustiques qu'on imagine. Le pire se produit quand le train pénètre dans un tunnel. À ce moment, brutalement comprimé puis relâché, l'air du tunnel produit une grosse – et dérangeante – explosion sonore. Autre inconvénient : le TGV est sérieusement ralenti, ce qui l'oblige à dépenser de l'énergie supplémentaire pour redevenir un TGV.

La solution est venue d'un ingénieur, Eiji Nakatsu qui, bien avant l'heure, a utilisé les méthodes du biomimétisme. Plutôt que de réfléchir en termes techniques, il a regardé la nature. Passionné d'ornithologie, il s'est intéressé au comportement d'un petit oiseau très coloré, le martin-pêcheur. Comme son nom l'indique, le martin-pêcheur se nourrit de poissons d'eau douce. Perché sur une branche d'arbre au-dessus d'un lac, il repère d'abord sa proie. La suite se passe en un éclair. Ailes repliées à l'arrière, il plonge à grande vitesse et saisit le poisson sous l'eau... sans provoquer sur son passage une explosion liquide, ni ralentir sa vitesse de plongée. Le secret, c'est son bec fuselé au profil hydrodynamique.

Eiji Nakatsu a donc redessiné le nez du TGV japonais en le faisant plus long et plus effilé, en y ajoutant même les rainures du bec et la forme du front du Martin-pêcheur. Le résultat est appréciable : sans être totalement silencieux, le Shinkansen a le mérite d'être à présent plus rapide et plus discret, ce qui est toujours bon à prendre pour les oreilles des habitants des banlieues japonaises.

L'immeuble-termitière du Zimbabwe

Imaginez à présent un immeuble moderne. Plutôt important : trente et un mille mètres carrés de bureaux et de commerces. Le problème, c'est que nous sommes à Harare, au Zimbabwe, une ville où la température quotidienne oscille entre des journées caniculaires et des nuits plutôt froides. Si on ne veut pas suffoquer le jour et grelotter la nuit, il faut évidemment le climatiser. Mais avec de tels écarts, l'addition risque d'être salée. Sauf si, comme l'architecte Mike Pearce, on s'inspire des solutions trouvées par les termites.

Une termitière a en effet cette particularité de posséder une température uniforme, environ vingt-sept degrés Celsius, de jour comme de nuit. Des milliers d'années d'essais et d'erreurs ont permis aux termites de mettre au point un système de ventilation très performant. Le principe : une cheminée centrale évacue l'air chaud vers l'extérieur tandis que de l'air frais, aspiré par des trous percés sur le pourtour de la termitière, est d'abord refroidi dans les fosses froides creusées à l'intérieur du nid. Puis il se réchauffe en remontant dans les chambres hautes avant d'être lui-même évacué par la cheminée centrale. Cette circulation permanente et automatique de l'air maintient l'intérieur du nid à une température constante.

L'immeuble conçu par Mike Pearce s'inspire en droite ligne du système de climatisation des termitières. La nuit, quand la température extérieure baisse, l'air frais aspiré par de nombreuses cavités est stocké dans les dalles de l'immeuble. Au cours de la journée, il se diffuse progressivement à l'intérieur de l'édifice avant de se réchauffer et d'être évacué par quarante-huit cheminées, sur un principe identique à celui de la cheminée centrale de la termitière. L'ensemble crée un courant d'air permanent qui maintient la température des bureaux et du centre commercial à un niveau constant. On appelle cela une climatisation passive. Elle utilise les propriétés des matériaux et de la circulation de l'air, sans mettre en oeuvre un système actif motorisé, coûteux et polluant. Résultat : un léger surcoût à la construction. Mais que d'économies après !

Le « scotch » du gecko

Il est si beau, avec sa crête ou sa peau de léopard, que beaucoup de familles en ont fait un animal de compagnie. Le gecko est un petit lézard qui pèse à peine plus de cent grammes. Il est plutôt facile à vivre, mais quand il s'accroche au plafond, c'est pour de bon. Il peut alors supporter jusqu'à quatre kilos, soit une trentaine de fois son propre poids !

Un groupe de chercheurs de l'université du Massachusetts s'est intéressé à son système de fixation, particulièrement performant. Leur idée consistait à s'en inspirer pour mettre au point un adhésif de nouvelle génération. Mais où se trouvait le secret du gecko ? Dans ses pattes. Elles sont tapissées de poils microscopiques, qu'on appelle les *setae*. Ces poils interagissent avec le support sur lequel le gecko est installé (par exemple le plafond) par le moyen d'une force très particulière qu'on appelle la force de Van der Waals, du nom du physicien néerlandais qui l'a mise en évidence. Il s'agit d'une interaction électrique de faible intensité entre les atomes qui ne se comprend bien, aujourd'hui, qu'en faisant intervenir la physique qui gouverne l'infiniment petit, la physique quantique. Voilà donc un animal, le gecko, qui nous entraîne carrément dans le monde mystérieux et subtil de la mécanique quantique !

Les recherches des physiciens les ont conduits, à partir de là, à mettre au point un adhésif ultra-puissant, pouvant supporter des poids très importants. Pour manifester leur reconnaissance au gecko, ils l'ont appelé le « geckskin ». Quelques dizaines de centimètres carrés de gecksin peuvent supporter plusieurs centaines de kilos ! Autre avantage, non négligeable : on peut coller et décoller le geckskin autant de fois qu'on le souhaite, sans qu'il perde son efficacité adhésive. Bref, le gecko a donné naissance au « scotch » du futur. Mais un scotch... quantique !

Une éponge pour faire du verre

Les animaux peuvent encore inspirer des techniques nouvelles pour produire le plus répandu des matériaux : le verre. L'homme fait du verre depuis des millénaires, mais savez-vous à quel prix ? La réponse est effrayante : la fabrication du verre, même le plus simple, est une catastrophe écologique. Je n'exagère pas. Il faut échauffer la matière première, le sable siliceux (à quoi on ajoute, pour faciliter l'opération, des fondants comme la soude, la potasse ou la chaux), à près de mille cinq cents degrés pour obtenir du verre liquide, ce qui provoque des émissions en CO2 tout à fait considérables. Mais peut-on se passer du verre ? Non, évidemment. Peut-on en faire à un moindre coût énergétique ? Peut-être, à condition d'imiter... une éponge de mer !

Elle s'appelle *Eupllectela aspeguilum*, ou plus simplement l'éponge à silice. Elle synthétise le verre à une température de quelques degrés centigrades à peine, à une profondeur de mille mètres (ou plus) sous le niveau de la mer. Ces éponges possèdent des enveloppes faites d'épines de silice qui les rendent extrêmement résistantes et les amarrent très solidement aux rochers sur lesquels elles sont fixées. Elles produisent ces enveloppes en prélevant dans leur environnement des molécules de silice dissoutes dans l'eau, qu'elles transforment en verre par un jeu de réactions chimiques de polymérisation. Le tout à une vitesse étonnante (pas plus d'une heure), qui a surpris les chercheurs. Ils ont compris que l'animal utilisait une protéine qui avait la propriété d'accélérer la fabrication du verre. En plus, sa structure interne à l'échelle microscopique est ainsi faite qu'il est flexible, mais incassable.

On imagine l'intérêt pour l'industrie. C'est pourquoi, en s'inspirant notamment des éponges, le chimiste Jacques Livage, du Collège de France, s'est fait le pionnier de ce qu'il a appelé la « chimie douce », l'art de synthétiser des matériaux à température ambiante plutôt qu'à très haute température. Les résultats, prometteurs, ont fourni des verres et des céramiques utilisés pour la médecine et l'industrie spatiale. On peut donc imaginer, dans quelques années, des réalisations de plus grande ampleur, des immeubles entiers faits d'un verre incassable dont la fabrication, inspirée des méthodes d'*Euplectela aspeguilum*, aura été respectueuse de l'environnement.

Le coléoptère mouillé

Il est trois heures du matin. Nous sommes dans le désert du Namib, sur la côte occidentale de l'Afrique. Dans cette région aride, la seule ressource en eau est le brouillard matinal qui vient de l'Atlantique. Mais un brouillard n'est pas facile à boire ! Un petit coléoptère, le *Stenocara gracilipes*, a trouvé une solution ingénieuse. Il capte l'eau du brouillard qui se condense sur sa carapace et la fait glisser dans les micro-rainures qui sillonnent son corps, jusqu'à son orifice buccal.

Pourrions-nous imiter ce coléoptère sur une grande échelle ? La question ne concerne pas seulement les plantes ou les animaux, elle est vitale pour des millions de personnes au Moyen-Orient ou en Afrique, privées de ressources en eau potable et obligées d'en faire venir à grands frais. Le problème se révèle si aigu que nombre de prévisionnistes ou de spécialistes de géopolitique estiment que les prochaines guerres pourraient se faire au nom du droit à l'approvisionnement en eau, quand le réchauffement climatique menacera d'en priver de nombreux peuples. Un étudiant du Massachussetts Institute of Technology (MIT), Shreerang Chhatre, s'est donc intéressé de près au petit scarabée du désert du Namib. Il a d'abord cherché à comprendre comment il procède pour conserver l'eau qui se condense sur sa carapace. Il a découvert que celle-ci, vue au microscope, est constituée d'une alternance de micro-rainures et de petites bosses. Ce n'est pas un hasard.

Il fait nuit. Quand le brouillard envahit la côte, notre scarabée attend, immobile. Peu à peu, l'humidité se condense sur les bosses de sa carapace car elles sont faites dans une matière absorbante hydrophile. A mesure que les heures passent, les gouttes grossissent. Quand elles se sont suffisamment alourdies, elles glissent dans les rainures de l'insecte qui sont, elle, couvertes d'une cire imperméable hydrophobe. Incroyable de voir comment la vie a pensé à tout ! Les gouttes, rejointes par d'autres gouttes, forment alors un petit ruisselet d'eau qui dévale le long des rainures et parviennent jusqu'à la bouche du coléoptère, qui se désaltère par ce moyen.

Shreerang Chhatre a proposé de s'inspirer de ce modèle pour mettre au point un tissu collecteur d'eau. Pas une étoffe banale, mais un tissu de haute technologie dont les micro-mailles peuvent changer de nature en fonction de la température de la journée. Les hommes, eux aussi, ont pensé à tout ! Le matin, les micro-mailles ont un pouvoir absorbant qui leur permettent de capter l'humidité de l'air. Puis, à mesure que la température monte, les micro-mailles deviennent hydrophobes et acheminent l'eau dans les collecteurs auxquels elle est destinée.

Une première expérience a été menée avec succès dans la ville d'Alto Patache, dans le désert d'Atacama, le désert le plus aride du monde. Un seul mètre carré de ce tissu peut recueillir une quinzaine de litres d'eau. Si l'innovation se généralise, ce sont des milliers de vies qui seront sauvées chaque année grâce à ce tissu « attrape-brouillard », dont l'idée a été inspirée aux hommes par un petit coléoptère de Namibie.

La larve qui mange les sacs en plastique.

Pour finir, que diriez-vous de voir revenir les bons vieux sacs en plastique que les commerçants nous offraient à foison, jadis, quand nous faisions nos emplettes à l'épicerie du coin de la rue ? Rassurez-vous, ce ne sera pas le signe d'une défaite de l'écologie, mais celui d'une de ses plus grandes victoires. Depuis quelques années, les sacs en plastique ont été remplacés par des sacs biodégradables, payants qui plus est. Mais c'était avant que les animaux nous inspirent une nouvelle invention dont je parie sur l'avenir : l'enzyme qui digère les sacs en plastique !

C'est une chercheuse du Centre espagnol de la recherche nationale, Federica Bertocchini, qui a découvert une larve capable de cet exploit : la larve de la fausse teigne de la cire. Elle possède la faculté peu ordinaire de manger et de digérer le plastique. L'histoire de sa découverte est digne d'un téléfilm : Federica a une passion, l'apiculture. Elle observe un jour que la cire de ses ruches est infestée par un parasite, celui de la fameuse larve, baptisée pour cette raison « la fausse teigne de la cire ». Elle prélève dans une ruche une petite quantité de cire pour l'examiner, elle la glisse dans un sac en plastique issu d'un supermarché et elle rentre chez elle. Le lendemain, son attention est attirée par des petits trous percés dans la texture du plastique. Bizarre. Qui a fait ces trous ? Une seule suspecte : la larve. Pour s'en assurer, Federica va faire quelques emplettes à l'épicerie du coin et en revient avec quatre ou cinq sacs en plastique. Elle enferme quelques larves avec les sacs dans une boîte hermétique. Moins d'une heure après, les sacs ont été rongés. Federica est stupéfaite. Des larves qui mangent le polyéthylène, ce n'est vraiment pas banal ! Federica entreprend une recherche systématique sur la larve de la fausse teigne. Elle découvre qu'elle ne se contente pas de manger le plastique, mais qu'elle parvient à le digérer, à le dégrader chimiquement et très rapidement. Comment ? C'est ce qu'il faut comprendre.

Gageons que la réponse ne tardera pas. Car voici une découverte qui arrive à la bonne heure quand on sait que le polyéthylène est un épouvantable polluant qui s'accumule dans les océans, qui étouffe les animaux marins et qui mettra un siècle, (voire plusieurs pour les sacs plastiques les plus résistants) à se dégrader. Comme la magie n'existe pas, il est vraisemblable que la larve de la fausse teigne de la cire utilise une enzyme qui a la faculté de dégrader le polyéthylène. Quand on l'aura découverte, il restera aux biotechnologies à la synthétiser en grandes quantités. Ainsi, dans quelques années, les commerçants du futur pourront vous offrir, avec un grand sourire, des « sacs en plastique biodégradable ». Décidément, vive le biomimétisme !

V
LA MÉTAPHYSIQUE DES ANIMAUX

1

Les animaux ont-ils une conscience de soi ?

L'éthique, la politique, la physique et la métaphysique. C'est ainsi que les disciples du grand Aristote ont classé ses principaux traités après sa mort. La légende, malicieuse, dit que si le traité sur la métaphysique est venu en dernier, c'était le hasard de la disposition de ce livre sur l'étagère ! Mais on peut penser qu'il y avait une certaine logique dans ce classement. Après s'être posé des questions sur le monde, tout homme en vient finalement à se poser celles qui le taraudent depuis toujours et qui font généralement la joie des élèves de Terminale. Vous les connaissez : qui suis-je, quel est le sens de la vie, pourquoi faut-il mourir, etc. ?

L'animal a-t-il, lui aussi, la tête métaphysique ? Se pose-t-il, à sa manière, ces fameuses questions existentielles ? A-t-il une conscience de soi ? A-t-il conscience du temps ? Sait-il qu'il mourra un jour ? Ces questions, posées ainsi, auraient sans doute fait rire notre Descartes national. Mais ne demandons pas aux philosophes de faire de l'éthologie, ce n'est pas leur vocation. Ils auraient compris, sinon, que l'observation de la nature vaut beaucoup de longs discours de la méthode... pleins de préjugés. Donc, reprenons : l'animal a-t-il une conscience de soi ?

Sensibles et conscients ?

Tout le monde semble d'accord, aujourd'hui, pour soutenir que les animaux sont des êtres sensibles. Même la loi du 28 janvier 2015, qui en fait des « êtres vivants doués de sensibilité ». Certains réserveront cette sensibilité aux seuls mammifères, d'autres l'étendront à toutes les espèces, je gage que la question sera tranchée dans peu d'années dans un sens universel. *Tous* les animaux sont des êtres sensibles.

Mais ce n'est qu'un pas dans la voie de la réhabilitation de l'« animal-machine ». L'autre question est de savoir si les animaux sont des êtres conscients. Posez ouvertement cette question et vous verrez les mêmes, jusque-là prêts à ouvrir leur cœur à tous les animaux de la terre, se croiser les bras et vous suggérer qu'il ne faut quand même pas pousser le bouchon trop loin. La nature ou le doigt divin, selon les convictions, ont posé une borne dans l'évolution du vivant. Cette borne, c'est la conscience. Fort bien, mais qu'est-ce que la conscience ? On vous répondra : « Ah, la conscience, c'est compliqué, c'est... » Et puis, comme pris d'une inspiration soudaine, on vous jettera : « ... la conscience, c'est le sentiment d'avoir une identité, c'est le fait de se reconnaître dans un miroir. »

Le test du miroir

Nous y voilà ! Le fameux « stade du miroir ». C'est devenu un classique de la littérature psychologique. Des auteurs comme Henri Wallon ou Jacques Lacan en ont fait le premier stade de l'hominisation, ce moment inaugural où l'enfant, âgé de quelques mois, comprend que l'image qu'il découvre dans le miroir est celle d'un individu singulier qui ne fusionne plus avec sa mère et qui aura à vivre une vie singulière. Cette première reconnaissance de l'enfant au miroir sera le socle de ses identifications ultérieures. Pour la plupart des psychologues, cette phase est la frontière qui devrait distinguer un être conscient d'un être qui se contente, lui, d'être au monde et de laisser parler ses besoins afin de se perpétuer. Un animal, par exemple.

Pour en décider, les spécialistes du comportement animal ont très vite proposé de soumettre quelques animaux au fameux test du miroir. En commençant par les grands singes, dont le cousinage avec l'homme ne fait aucun doute. Mais jusqu'à quel point, ce cousinage ? Jusqu'à la conscience de soi ? Où se trace la frontière ? On voit que la question est stratégique. Elle définit le partage entre l'humanité et le reste des vivants.

Les expériences commencent au début des années 1970. Le test utilisé pour vérifier si l'animal a conscience de lui-même est celui inventé par Gordon Gallup, un psychologue américain. Son protocole a été publié dans la revue *Science*. Le principe est le suivant : pendant une dizaine de jours, des chimpanzés sont habitués à se regarder dans un miroir. Puis, sous anesthésie, on les marque au front d'une tache rouge, inodore et indétectable au toucher. On reconduit le singe marqué devant le miroir. Intrigué, il découvre cette nouvelle décoration. Il la touche du bout des doigts, il la flaire. Il est clair que le chimpanzé est conscient que son image a changé, que cette tache rouge est une anomalie qui affecte cet animal dans le miroir qui est… *lui* !

Après les chimpanzés, les orangs-outans à leur tour ont passé le test. Le gorille, lui, est resté plus réservé. Quant aux autres primates, ils se conduisent comme s'ils étaient face à un animal inconnu. Ils adoptent des postures de menaces, ont des vocalisations agressives et s'écartent du miroir. Soyez certains que si l'animal attaque le miroir ou s'il prend la fuite, c'est le signe qu'il ne comprend pas qu'il s'agit de son reflet. À ce jour, seuls les grands singes, le dauphin, l'orque, la pie, le corbeau, l'éléphant et le porc ont passé avec succès ce test du miroir.

Réserves sur le test du miroir

J'émettrai une réserve. Malgré l'effort déployé par la communauté scientifique pour prouver l'existence d'une conscience de soi chez les grands singes, j'estime que, telle qu'elle est, l'expérience est réductrice. Elle ne prend en compte qu'un seul type de perception, la perception visuelle. C'est ignorer que nous sommes très loin d'avoir compris la représentation (les représentations) que les animaux se font du monde. Si l'animal ne comprend pas qu'il s'agit de son reflet dans le miroir, cela n'exclut pas qu'il puisse le faire à travers un autre type d'appréhension, olfactif, kinesthésique ou autre. Prenons le gorille. Quand il se voit dans le miroir, sa première réaction est l'agressivité. Un gorille ne sera jamais assez calme pour prendre le temps de comprendre qu'il s'agit de son image. Le test de Gallup ne marche pas non plus sur le chien parce que c'est l'olfaction, pas la vision, qui prédomine dans son monde de cognition.

Il y a une autre difficulté. On a longtemps pensé que la réussite au test du miroir était liée à l'existence, dans le cerveau du sujet, d'un néocortex. Mais le néocortex n'est présent que chez les mammifères… alors que la pie, par exemple, réussit fort bien le test. L'explication est donc ailleurs. Pour être très clair, j'estime que le fait d'avoir « échoué » au test du miroir ne prouve pas qu'un animal n'ait pas accès, au moins de manière embryonnaire, à une forme de conscience de soi. Il n'est pas si facile, même pour un humain, d'être « soi ». Ne vous est-il jamais arrivé, dans certaines circonstances (sous le coup d'un choc émotionnel, la colère par exemple), de vous dire « je ne me reconnais pas », « ce n'est pas moi, ça » ? Sur cette délicate affaire de la conscience des animaux, mieux vaut donc éviter les conclusions hâtives.

Du test du miroir à la théorie de l'esprit

Personnellement, j'estime que les expériences conduites dans le cadre de la théorie de l'esprit sont plus probantes que le test du miroir. J'ai évoqué cette théorie dans le chapitre sur l'altruisme. Rappelons que son but est précisément de montrer que les animaux – les grands singes notamment – perçoivent l'autre (l'autre homme ou l'autre congénère) comme un être pensant, un être doté d'*intentions*. Qui posséderait donc une faculté qui s'apparente à la conscience. Je commenterai ici une expérience qui a été filmée et que chacun peut découvrir sur Internet[1]. Je vous engage à regarder cette vidéo, elle vous permettra de mieux comprendre ce que j'avance.

La scène se déroule dans la cage aux chimpanzés d'un zoo. À droite et à gauche de l'écran, on découvre deux meules de foin creuses. Au centre, il y a « King Kong ». C'est un homme habillé en singe. Face à lui se trouve un gardien humain. Où est le singe ? C'est le spectateur, celui qui regarde la scène. La vidéo est faite comme une « caméra subjective ». Un dispositif optique, placé devant ses yeux, permet de suivre en permanence la direction du regard du spectateur-singe. Elle est matérialisée sur l'écran par un point rouge. C'est tout l'intérêt de ce test : nous faire voir la scène comme la voit le chimpanzé.

L'expérience commence. Dès le début, King Kong attaque le gardien en lui donnant un grand coup (simulé) sur la tête. Puis il va se réfugier dans la meule de droite. La scène est suivie attentivement par le singe-spectateur, le point rouge suit précisément le déplacement de King Kong dans sa meule-cachette. Le gardien sort et s'en va chercher un bâton pour faire passer un sale quart d'heure

1. Voir à l'adresse : http://www.futura-sciences.com/planete/actualites/zoologie-grands-singes-connaissent-theorie-esprit-64731/.

à King Kong. Mais celui-ci veille au grain. Pendant la courte absence du gardien, il sort de la meule de droite et va se cacher dans la meule de gauche. Le point rouge le suit dans sa nouvelle cachette. À ce moment, l'humain arrive avec son bâton. Le point rouge se déplace cette fois vers la meule de droite. Le singe-spectateur sait parfaitement que King Kong est dans celle de gauche. S'il regarde vers la meule de droite, c'est parce qu'il s'est mis dans la tête de l'humain, *il pense que c'est ce que pense l'humain* ! Il le voit se tromper, s'égarer dans une croyance fausse.

C'est cela, la théorie de l'esprit. Elle met en évidence la faculté d'un animal à entrer dans l'esprit d'un autre sujet, même s'il se trompe. J'estime que ce type d'expérience, bien plus que le test du miroir, met en évidence la conscience active d'un animal, qui « croise » ses pensées avec une autre conscience, celle du gardien humain. Pour le moment, seuls les grands singes (les chimpanzés et les bonobos) ont réussi le test. Grâce aux techniques d'imagerie cérébrale, les chercheurs pensent même avoir identifié les circuits neuronaux qui permettent aux singes de partager les croyances des autres êtres pensants. Ici, le spectacle de quelqu'un en train de se tromper.

Jadis, au Jardin des Plantes, on organisait des spectacles de Guignol. Quand le gendarme cherchait Guignol au mauvais endroit, tous les gamins sautaient de joie sur leurs bancs. Peut-être est-ce le cas du singe-spectateur de l'expérience, qu'on peut imaginer jubiler de plaisir, lui aussi, en voyant cet idiot de gardien du zoo chercher King Kong dans la mauvaise meule de foin.

Cette intrusion flagrante de l'esprit d'un animal dans celui d'un être humain est pour moi la manifestation la plus probante de la conscience de soi des animaux. Mais si vous préférez une belle formule, à la manière de Descartes, je vous proposerais volontiers celle-ci : *je vois bien que tu te trompes, donc je suis !*

2

Les animaux ont-ils une conscience du temps ?

À présent, imaginons un drame. J'espère de tout cœur qu'il ne se produira pas, ni pour vous ni pour moi. Imaginons seulement...

Un drame de la route et un chien à trois pattes

Imaginons un accident. Votre petite voiture contre un camion fou, sur une autoroute. Vous n'aviez aucune chance. Alors que vous êtes inconscient, on dégage votre corps des tôles froissées. On vous transporte à l'hôpital. Vos blessures sont graves, mais les médecins pensent pouvoir vous sauver. Le lendemain, vous reprenez conscience. Vos proches sont autour de vous. Vous avez la vie sauve, c'est déjà ça. Mais, à leur mine, vous sentez qu'il s'est passé quelque chose de grave.

Vous avez compris, c'est votre jambe. On vous a amputé !

Pour tout être humain, la perte d'un membre est une tragédie. Non seulement parce que l'amputation est une source de gêne considérable, mais aussi parce que la privation d'une partie de notre corps est un véritable cataclysme psychique, un dommage considérable infligé à l'image de soi. Je sais, il existe de bonnes prothèses, aujourd'hui, qui pourront vous aider à retrouver une vie à peu près normale. Mais vous vous souviendrez longtemps, avec nostalgie, de ces années où vous étiez « entier ». Et longtemps, vous vous repasserez le film de l'accident. Rien ne m'obligeait à prendre la route... j'aurais pu y aller avec les transports en commun... j'aurais pu y aller en RER... prendre la voiture un peu plus tard... ne pas doubler celle qui était devant moi... ne pas aller si vite, etc. La mémoire devient vite un poison, on ressasse le passé sans aucun profit, juste pour se faire du mal. On culpabilise, on en veut aux autres, etc.

Les animaux, eux, ne font pas tant d'histoires. C'est évidemment là où je veux en venir. Qui a possédé un chien qu'il a fallu amputer le sait parfaitement. Une fois sur trois pattes, le chien ne passe pas ses journées à pleurer après sa patte disparue. Il s'adapte en faisant ce qu'il peut pour vivre, dorénavant, avec trois pattes. *Idem* pour les tortues, à qui ce genre d'incident arrive souvent. Récemment, au zoo, nous avons amputé une très jeune panthère parce que sa mère lui avait broyé le coude. Au bout de dix jours, le jeune fauve mangeait, se déplaçait, se comportait à peu près normalement, dans les limites de ses possibilités, mais jamais on ne l'entendait geindre. Les animaux ne savent pas s'apitoyer sur leur sort. La nature a l'esprit pratique, elle ne regrette pas le passé et ne craint pas le futur. Elle fait le mieux possible avec ce qu'elle a.

Les animaux ont-ils une mémoire ?

Pour autant les animaux, comme des bienheureux un peu végétatifs, n'ont-ils aucun sens du temps ? N'ont-ils ni mémoire ni faculté d'anticipation ? Ni le sens du passé ni celui du futur ? C'est ce qu'ont longtemps pensé les psychologues ou les philosophes quand ils se sont interrogés (rarement, il faut le dire) sur la relation des animaux avec le temps. Le plus souvent, ils répondaient ceci : les animaux sont comme « bloqués » dans un éternel présent.

On dit souvent qu'une année de chien vaut sept années humaines, mais c'est en référence à la manière dont se déroule une vie humaine dans le temps. Pour un chien, tout ce qu'on peut dire c'est qu'il reconnaît un chiot à coup sûr, les postures ne mentent pas. En dehors de cela, un chien adulte a-t-il conscience de vieillir ? Sait-il que cinq ans, dix ans ont passé, qu'il va vers sa fin prochaine ? On n'en sait trop rien. Souvent, ceux qui défendent l'idée que les animaux vivent dans le temps prennent l'exemple des écureuils, qui savent parfaitement où ils ont caché leurs noisettes. Pour les retrouver, ils doivent nécessairement faire, en esprit, un petit voyage dans le passé. Mais les sceptiques mettent ce comportement sur le compte d'un instinct, génétiquement programmé, qui les mènerait au bon endroit. C'est fou de voir comment, avec l'« instinct », on a réponse à tout... sans répondre à rien ! Passons. Les sceptiques ont tout de même un argument sérieux, c'est une expérience faite avec des singes : lorsqu'on leur propose plusieurs écuelles de la même nourriture dans des quantités différentes, ils se bornent à choisir celle qui correspond à leur faim de l'instant. Ils pourraient en prendre un peu plus et en garder pour le lendemain, par exemple. Mais non, ils n'anticipent rien, ils n'économisent rien. Accumuler le surplus qui sera nécessaire pour les jours de disette ou de mauvaises récoltes, cela seul l'homme sait le faire, depuis l'époque du Néolithique.

Il est très difficile, faute de pouvoir partager leur vécu, de savoir si les animaux ont un sens subjectif du temps qui passe. Récemment, une autre expérience faite avec des mouches exposées à des flashs de lumière aurait établi que les animaux de très petite taille, comme les insectes, voyaient le temps passer plus lentement. Quand vous projetez votre main pour chasser une mouche, celle-ci est si sensible au moindre mouvement qu'elle détecte le vôtre comme s'il était filmé au ralenti, ce qui permet à la mouche de s'échapper au bon moment. Mais, là encore, s'agit-il d'un vécu subjectif du temps ou d'un pur réflexe conditionné assurant la fuite de l'insecte ? Personnellement, je pencherais pour la seconde réponse.

Les geais prévoyants

L'expérience la plus convaincante pour démontrer que les animaux, comme les humains, vivent dans le temps, a été faite par la chercheuse Nicola Clayton, de l'université de Cambridge, avec des geais buissonniers, de beaux oiseaux aux plumages bleus ou gris, qui vivent dans les forêts d'Amérique du Nord. Les geais sont omnivores, ils mangent aussi bien des fruits et des graines que des petits animaux comme les lézards ou les vers de terre. Ils ont aussi la manie de cacher leur nourriture dans des réserves creusées dans le sol.

Les chercheurs ont d'abord enfermé les geais dans une cage divisée en trois compartiments. Celle de gauche contenait de la nourriture, celle de droite rien du tout. Quand ils ont ouvert les passages entre les cages, ils ont vu les geais prendre de la nourriture dans la cage de gauche – celle qui contenait de la nourriture – et la cacher dans celle de droite, qui ne contenait rien. Exactement ce que *n'ont pas* fait les singes avec leurs écuelles dans l'expérience précédente. Les geais ont-ils agi ainsi en prévision du moment où ils seront enfermés dans la « mauvaise » cage ? C'est la conviction des chercheurs et c'est fort possible. Une autre expérience avec des geais consistait à leur permettre de cacher dans deux endroits différents une réserve de nourriture faite de vers de terre et de graines banales. Les vers de terre sont évidemment les plus appréciés. Le problème, c'est qu'au bout de trois ou quatre jours ces vers appétissants commencent à se décomposer et deviennent immangeables. Au cours des quatre premiers jours, les geais vont se servir dans la cachette aux vers. Passé ce temps, ils se tournent vers la cachette aux graines, comme s'ils avaient conscience de l'écoulement du temps qui a rendu les vers impropres à la consommation.

La mémoire humaine

Voulez-vous mon avis ? De telles expériences montrent que les animaux ont un certain sens du temps. Ils ont une forme de mémoire et quelques possibilités d'anticipation. Mais cela reste très embryonnaire. Rien qui puisse être comparé avec la mémoire humaine et avec la faculté, permise par notre cortex frontal, de voyager dans le temps en anticipant le futur.

Depuis que les neurologues ont travaillé sur la mémoire humaine, nous savons que son organisation, dans le cerveau, n'a rien de simple. En fait, l'homme n'a pas une, mais plusieurs mémoires. Il y a d'abord la mémoire dite *à court terme*. C'est la porte d'entrée de notre mémoire. Elle permet de conserver intactes des informations pendant une quinzaine de secondes avant de les chasser si elles n'ont pas d'intérêt ou de les encoder pour les stocker dans notre mémoire dite « à long terme ». Celle-ci est la mémoire durable. Mais elle est faite à son tour de plusieurs types de mémoires (je vous avais prévenus que, chez l'homme, rien n'est simple !).

La mémoire *sémantique* est notre encyclopédie personnelle, elle intègre tout ce que nous savons ou croyons savoir. Les animaux ont-ils une mémoire sémantique ? Sans doute, puisqu'ils accumulent une certaine expérience du monde. Ils savent détecter les dangers, savent quelles sont les nourritures comestibles, savent se déplacer dans un certain périmètre autour de leur nid ou de leurs petits. Ils savent aussi reconnaître leurs soigneurs, même s'ils en ont été séparés depuis des années. C'est le cas, par exemple, des orangs-outans. On connaît même des histoires merveilleuses, comme celle de Damian Aspinall, parti à la recherche de Kwibi, un gorille qu'il avait élevé au Howletts Wild Animal Park en Angleterre, avant de le relâcher cinq ans auparavant dans les forêts du Gabon. Sans savoir si Kwibi avait survécu, Damian a lancé une expédition et l'a finalement retrouvé, beaucoup plus grand et beaucoup plus fort. Mais surtout, le gorille l'a reconnu et lui a montré les mêmes marques d'affection qu'avant leur séparation. J'ai un dernier exemple, le plus beau de tous. Mais celui-là ne se raconte pas, il se regarde. Voyez sur YouTube à l'adresse : https://www.youtube.com/watch?v=aIzub43ZW0I

Si les larmes ne vous viennent pas aux yeux, c'est que vous avez un cœur dur comme la pierre !

À côté de la mémoire sémantique, il y a la mémoire *procédurale*. C'est la mémoire automatique de nos savoir-faire, consciencieusement appris à un moment de notre vie et devenus depuis des réflexes inconscients. Nager, taper sur un clavier, jouer du piano, faire du ski, rouler à vélo, etc. Nous savons le faire inconsciemment, sans nous demander comment nous y parvenons. Nul doute que les animaux ont une mémoire procédurale qui leur permet de voler, de chasser, de fuir le danger, etc. La mémoire *épisodique*, enfin, est celle qui nous intéresse ici. C'est la mémoire de ma vie, des événements que j'ai personnellement vécus dans le temps et dans l'espace, c'est la mémoire qui permet au narrateur de *Du côté de chez Swann* de se revoir à Combray quand il était un petit enfant. Un animal possède-t-il une forme de mémoire épisodique ? En d'autres termes : peut-il stocker des souvenirs et les rappeler quand il en a besoin ? C'est tout le sens des expériences faites avec les geais.

La vraie mesure des choses

La réponse semble être affirmative, mais ne rêvons pas. Si l'animal possède une mémoire de ce type, elle n'a pas – et de loin – l'ampleur de la mémoire humaine. Rappelons à ce sujet que, de toutes les mémoires que l'homme possède, la mémoire épisodique est la plus tard venue. Auparavant, il y a le fameux voile d'oubli que les neurologues appellent l'« amnésie infantile ». Impossible, pour un être humain, de se souvenir des deux premières années de sa vie, sinon en les reconstruisant grâce aux témoignages des proches. Pour les cinq années qui suivent, ce n'est pas beaucoup mieux. Quelques souvenirs émergent à l'état de fragments, mais rien qui puisse se comparer à ceux de nos premières années au lycée ou de nos premiers flirts.

Tous les neurologues en conviennent, il faut attendre l'âge de six ou sept ans pour disposer de plein droit d'une mémoire épisodique. Pourquoi ? La première explication est anatomique. Les supports de la mémoire ne sont pas donnés au départ, ils se construisent petit à petit. Il faut attendre l'âge de six-sept ans pour que la maturation des lobes frontaux permette d'implanter chez l'enfant une mémoire de type épisodique. Mais une autre condition semble nécessaire. Pour être fonctionnelle, la mémoire d'une vie doit être corrélative d'une représentation de soi. Tant que le petit d'homme n'a pas le sentiment d'être un moi, une individualité, comment pourrait-il relier les images qu'il capte dans son environnement à une histoire qui serait la sienne ?

Cela fait beaucoup de conditions, difficiles à remplir par un animal. Quelques-uns, on l'a vu, disposent d'une conscience de soi, mais rien qui puisse être comparé avec celle d'un enfant de sept ans qui a appris à parler, à communiquer, qui connaît son nom, sait se distinguer des autres, se situer dans un système de parenté, etc.

Le respect que nous devons aux animaux ne peut nous conduire à tout confondre, à en faire de quasi-êtres humains. Prenons-les plutôt comme ils sont, pour ce qu'ils sont et n'hésitons pas à dire ceci : en effet, dans une faible mesure, les animaux ont une mémoire épisodique qui leur permet de voyager dans le temps. Dans une faible mesure, ils ont une intuition du temps, du passé comme du futur. Mais rien qui puisse être mis en balance avec l'intuition humaine de la temporalité et de la durée. Pour l'essentiel, c'est vrai, les animaux vivent dans le présent.

Le bonheur conjugué au présent

Et alors ? Est-ce si grave ? Et surtout : est-ce un obstacle à leur bonheur, voire au bonheur tout court pour un être vivant et conscient, homme ou animal ? Non, si l'on en croit quelques maîtres à penser contemporains qui nous engagent à mieux vivre l'instant présent. Le plus célèbre de tous – le plus à la mode en ce moment – est Eckhart Tolle, dont le best-seller *Le Pouvoir du moment présent* s'est vendu à des millions d'exemplaires. Cet Allemand, qui vit aujourd'hui au Canada et propose ses conférences dans le monde entier, dit avoir souffert dans son jeune âge d'anxiété et de peur. Déprimé, il aurait même frôlé la tentation suicidaire. Au cours d'une nuit, pourtant, à l'âge de 29 ans, Tolle a vécu une transformation intérieure qui a changé radicalement sa vision du monde. Voici comment il la résume :

« L'ego de l'esprit, avec sa pesanteur, ses problèmes, qui vit entre les regrets du passé et la peur du futur, s'était effondré. Il s'était dissous. Le lendemain matin, je me suis réveillé et tout était si paisible. La paix était là, car il n'y avait pas d'ego. Juste la sensation d'une présence, un "état d'être", juste observant et regardant[1]. »

À partir de là, Tolle écrit son ouvrage, qui obtient un immense succès. Sans doute est-il arrivé à son heure, à l'orée du XXIe siècle, dans un Occident en proie au doute qui abordait le nouveau millénaire avec autant d'espoirs que d'inquiétude. Mais pour moi, qui connais de l'intérieur la tradition bouddhique, Tolle n'a rien inventé de nouveau. On trouve dans ses enseignements des éléments issus de plusieurs traditions comme le soufisme, le bouddhisme zen, l'hindouisme, le Nouveau Testament, etc. « J'ai l'impression que mon travail vient d'un assemblage de courants d'enseignement », confie-t-il. Il ne croit pas si bien dire ! Dans le même courant de pensée, mais beaucoup plus authentique à mon avis, on peut citer les livres du maître zen vietnamien Thich Nhat Hanh, qui enseigne le bon moyen de vivre « la sérénité de l'instant » grâce à la méditation et à la pleine conscience.

1. Eckhart Tolle, *Le Pouvoir du moment présent*, Éditions Ariane, 2000.

Il n'est pourtant nul besoin, pour un Occidental, d'aller chercher en Orient une tradition et des enseignements... qui existent aussi chez lui. Voyez Épicure et son éloge du moment présent. Il s'inscrit dans une tradition que le philosophe Luc Ferry résume ainsi : pour les Grecs, deux grands maux pèsent sur la vie humaine, le passé et le futur. L'un, le passé, nous tire constamment en arrière. S'il fut heureux, nous sommes dans la nostalgie. S'il fut malheureux, nous sommes dans le remords ou dans le ressassement. Quant à l'espérance, qui vise le futur, elle ne nous délivre pas des morsures de la peur et de l'angoisse car au bout, quel que soit l'avenir, il y aura toujours la mort. Le secret, selon Épicure, est de vivre une vie sans douleur ni inquiétude, cet état qu'il appelle l'*ataraxie*. Ne cédons ni aux illusions de la nostalgie, ni à celles du désir ou de l'espérance et vivons, tout bonnement, dans le présent. Telle est la philosophie d'Épicure. Oublions la mort, qui n'est pas quand je suis vivant, oublions le passé, qui n'est plus parce qu'il est passé, négligeons le futur qui n'est pas encore. Seul le présent mérite qu'on le vive pleinement. L'oubli est donc la condition du bonheur, il conduit seul à la paix de l'âme.

Les animaux avec Épicure ?

Ce petit détour philosophique me paraissait utile pour montrer qu'aussi bien la découverte actuelle des vertus orientales de la méditation de pleine conscience que la redécouverte, pour qui veut s'en donner la peine, des enseignements les plus précieux de la philosophie occidentale, semblent aller dans le même sens : celui d'une valorisation de l'instant présent, après des millénaires passés par les Occidentaux à bâtir leur destin avec pour seul outil mental leur vision temporelle, historique du monde.

Car c'est très souvent en puisant leurs exemples dans un passé glorieux (le pays des ancêtres, les héros nationaux, Vercingétorix, Jeanne d'Arc, Napoléon), en chantant les mythes d'hier (la France éternelle) ou les lendemains qui chantent (l'horizon mythique du communisme) que les Occidentaux ont forgé leur histoire. Le résultat, ce furent des guerres, des conquêtes, des souffrances sans nombre pour des millions de gens qui n'en demandaient pas tant ! L'expérience des siècles écoulés devrait nous apprendre à nous méfier du passé comme du futur et à faire un peu plus confiance au présent.

Cela dit, il faut se méfier des modes. Il serait tout aussi ridicule de rejeter aujourd'hui – après l'avoir si longtemps valorisée – une vision historique du monde que de rester insensible à une acceptation plus sereine du moment présent. Mais j'estime que les chercheurs – sans doute animés de très bonnes intentions – qui entendent à tout prix prouver l'existence d'une conception quasi humaine de la temporalité chez les animaux ont des points communs avec les mêmes qui cherchent à démontrer que les grands singes peuvent former des phrases comme les humains et disposer, comme eux, d'une intelligence abstraite. Dans le meilleur des cas, ils obtiendront des résultats, mais qui resteront très faibles par rapport aux facultés humaines. Et surtout, ils se condamneront à rater la conception subjective du temps propre aux animaux, cette paix de l'âme dont Épicure fit en son temps une des clés du bonheur, cette « sérénité de l'instant » (selon la belle expression de Thich Nhat Hanh) qui a la vertu de nous guérir du double poison mental de la nostalgie et de l'espérance.

Les animaux sont « bloqués » dans un éternel présent ? Sans doute. Qu'ils en profitent ! Le passé ni le futur ne sont pour eux, comme ils peuvent l'être pour nous, des terrains de souffrance. Et surtout, les animaux ignorent que le temps humain – cette trop brève histoire du temps humain – se termine un jour par la mort.

3

Les animaux savent-ils qu'ils vont mourir ?

Un jour, des soigneurs sont venus me trouver car un petit singe mangabey, né trois jours auparavant, n'était plus très vivace. Effectivement, il ne bougeait plus. Nous avons capturé la femelle pour examiner son petit. Il était mort et commençait même à se putréfier, mais la mère n'avait pas lâché son bébé. Pourquoi ? Ignorait-elle qu'il était mort ? Il était pourtant totalement inerte. A-t-elle conservé le petit cadavre en espérant l'impossible, qu'il reviendrait à la vie ? Ou l'a-t-elle gardé avec elle le temps nécessaire pour s'en détacher, pour faire son deuil ? Je n'en sais rien et personne n'en sait rien.

Un autre mystère : ma panthère de Chine, qui aurait risqué sa vie pour garder son chaton d'un mois et demi, a commis l'impensable : elle a tué et mangé son petit. Nous savons qu'un stress de la mère peut engendrer des comportements inattendus. À l'autopsie, le chaton présentait des lésions cardiaques importantes. La mère l'avait-elle senti ? Jugeait-elle que son enfant était condamné ? A-t-elle préféré le tuer plutôt que le voir souffrir avant de mourir ? Autant de questions sans doute trop humaines. Car qu'est-ce que la mort pour elle ?

J'ai vu un guépard poursuivre une antilope et la mettre à mort (croit-il) en la mordant dans la nuque. Traînant sa proie, il se repose un temps avant d'entamer son repas. Et soudain, l'antilope se relève. Elle s'enfuit si rapidement que le guépard n'a pas le temps de la rattraper ! L'antilope avait simulé la mort en restant immobile. C'est une stratégie classique, utilisée par beaucoup d'animaux pour échapper aux prédateurs qui ne mangent que des proies fraîchement tuées. Dans ce cas précis la mort, pour le guépard, équivaut-elle à l'immobilité ?

Encore une fois, il est difficile de répondre. C'est un immense paradoxe. En milieu naturel, les cadavres abondent. Des morts, les animaux en voient chaque jour, à l'intérieur ou à l'extérieur de leur espèce. Mais quelle idée se font-ils de la mort ? Pour nous-mêmes, les humains, la mort est à la fois la notion la plus commune et la plus étrangère, la plus abstraite. Nous y pensons en permanence, souvent sans nous l'avouer, mais nous avons un mal fou à nous imaginer ce que c'est. La question même est un défi à la simple logique : comment imaginer le néant ? Comment imaginer cet étrange état : n'être plus *rien*. Sous la forme d'un cadavre ? Des cadavres, nous en avons tous vu. Mais un cadavre c'est un mort, ce n'est pas la mort. Un cadavre c'est quelque chose, ce n'est pas le néant.

Quand j'étais enfant, au Cambodge, j'entendais beaucoup parler de la mort (celle des amis, des proches). Peut-on dire pour autant que j'ai compris ce qu'était la mort ? Je n'en suis pas sûr. Je ne suis même pas certain, aujourd'hui, de l'avoir compris. Sigmund Freud disait d'ailleurs que notre inconscient ignore la mort. Quand on pense à la mort, c'est toujours à la mort des autres qu'on pense, jamais à la sienne propre. Et si on pense à la sienne, on se voit comme un autre. C'est qu'il est impossible et même insupportable d'imaginer comment on est quand on n'est pas ou quand on n'est plus.

Si la chose est difficile pour nous, elle l'est encore plus pour les animaux. Prenez le cas de Koko, la célèbre gorille femelle de Penny Patterson. Elle est devenue célèbre grâce au film de Barbet Schroeder *Koko, le gorille qui parle*. Francine « Penny » Patterson, une étudiante en psychologie, avait entrepris de lui apprendre le langage des signes utilisé par les malentendants afin de tester sa capacité à communiquer avec les humains. Avec succès, car au bout de quelques années Koko maniait couramment un vocabulaire de plusieurs centaines de signes. Une forme de communication s'est donc établie régulièrement entre Koko et Penny. Un jour, Koko s'est prise d'affection pour un petit chat surnommé All Ball. Elle l'adorait, elle jouait très souvent avec lui. Hélas, le chaton fut écrasé par une voiture. Penny n'a pas voulu cacher cette triste nouvelle à Koko, elle lui a appris la mort de All Ball par le langage des signes. Koko a répondu par la même voie que cette nouvelle la rendait triste et malheureuse. Elle était certainement sincère, mais avait-elle compris pour autant ce que signifiait la mort du petit chat ? Comment le savoir ?

Dans le gros volume dirigé par Karine Lou Matignon et consacré aux *Révolutions animales*, Marc Bekoff[1], professeur à l'université du Colorado, relate la manière dont quelques pies ont vécu la mort d'une des leurs. La victime, sans doute heurtée par une voiture, gisait morte sur la route. Quatre autres pies se sont alors approchées et ont entouré sa dépouille. Elles se sont assurées de sa mort en la touchant avec leurs becs. Puis l'une d'elles s'est envolée. Elle est revenue peu après en rapportant un brin d'herbe dans son bec, qu'elle a déposé près du corps. Une autre a fait de même. Toutes les quatre sont restées un moment autour du cadavre, comme si elles le veillaient. Faut-il voir dans ce comportement singulier une marque de respect vis-à-vis d'un mort ? Marc Bekoff en est persuadé. Et il poursuit : « Quand j'ai publié un article sur cet incident, j'ai reçu quantité de courriels émanant de personnes qui avaient été témoins de pareils rituels chez des pies, des corbeaux ou des corneilles. On ne peut savoir ce qu'elles pensaient ou ressentaient, mais vu leurs façons d'agir, on a toutes les raisons d'estimer qu'elles disaient un adieu de pie à leur amie[2]. »

Les rites funéraires

Il y a cent mille ans, à Qafzeh, en Israël, l'homme enterrait déjà ses morts. Plusieurs sépultures ont été retrouvées et étudiées par le paléoanthropologue

1. Marc Bekoff, in *Révolutions animales*, dirigé par Karine Lou Matignon, Les liens qui libèrent, 2016.
2. *Ibid.*

Bernard Vandermeersch. Les corps inhumés ont été disposés dans une position évoquant celle d'un homme qui dort. Ils sont accompagnés d'offrandes, comme des colliers de coquillages. Ce respect dû au mort, on pourrait même dire ce culte des morts, qui remonte loin dans la lignée humaine représente pour les anthropologues le vrai début de l'hominisation. Retrouve-t-on l'équivalent chez les animaux ?

Les éléphants ? Beaucoup d'observations troublantes circulent à leur sujet. Mais oubliez le « cimetière des éléphants », c'est un mythe romantique qui date du XIXe siècle : un endroit, caché dans la forêt, où iraient mourir les vieux éléphants sentant leur fin prochaine. Comme beaucoup de mythes, il repose sur une réalité : certains lieux, en Afrique notamment, concentrent de nombreuses carcasses d'éléphants. Ce ne sont pas des cimetières à proprement parler, plutôt des endroits où les vieux éléphants viennent chercher les commodités qui leur facilitent la vie quand ils atteignent un âge avancé : présence d'eau, de marécages, nourriture abondante, etc. Des maisons de retraite, plus que des cimetières.

Il est vrai que des comportements ressemblant bien à des rituels funéraires ont été constatés chez les éléphants. Les premières observations ont plus de deux mille ans. Dans son *Histoire naturelle* (Livre VIII), Pline l'Ancien avait noté l'intérêt que les éléphants portent à un de leurs congénères mort. Ils touchent ses défenses avec leurs trompes, ils vont et viennent autour du cadavre, etc. D'autres observations, plus récentes, semblent aller dans le même sens. Parfois, le cadavre est recouvert de branchages et de terre, le troupeau reste toute une nuit à ses côtés, comme pour le veiller.

En 2013, au nord du Kenya, la zoologiste Shifra Goldenberg a filmé un défilé d'éléphants devant le cadavre d'une matriarche surnommée Victoria. La vidéo a été diffusée sur la chaîne *National Geographic*. Elle est en effet très troublante. « Ce que la famille faisait était intéressant, raconte Shifra Goldenberg, mais ce que ses non-parents faisaient est également important [...]. On voit l'investigation du corps. On voit les petits passer et la sentir. Il est étonnant de constater le niveau de fascination. La famille était en détresse du fait qu'elle ne se lève plus. Mais les autres individus étaient également intéressés par sa mort. »

Pourrait-il s'agir d'un dernier hommage rendu à la défunte, comme il s'en produit dans nos cimetières ? Shifra Goldenberg confesse avoir été surprise par le caractère inhabituel de ce comportement, mais elle préfère éviter toute interprétation, se contentant de dire qu'on ne sait pas très bien ce qui se passe dans la tête de ces animaux en de pareils moments.

Les rites funéraires chez les dauphins

En 2003, un article publié dans la revue *Aquatic mammals* a consigné deux observations, très documentées, de ce qui pourrait être un rite funéraire chez une sous-espèce de dauphins, les *dauphins souffleurs*, au large de l'île de Mikura, au Japon. La première observation, en mai 2000, concerne le cadavre d'un dauphin femelle adulte. Il était entouré par deux groupes de dauphins composés de quinze individus chacun. Quand les plongeurs ont tenté de récupérer la dépouille de la femelle morte, les autres dauphins se sont montrés très agressifs et ont formé un rempart contre les intrus humains. « Le corps de la femelle, ont noté les observateurs, était coincé entre deux masses rocheuses d'un mètre ou deux de haut, couché sur le sable noir et doucement bercé par le courant de fond. Les mâles veillant le corps continuaient à aller et venir de la surface jusqu'au cadavre. » Le lendemain, les deux dauphins mâles qui s'étaient institués gardes du corps de la femelle étaient toujours à leur poste. Puis, au bout de quelques jours, les dauphins se sont dispersés.

La seconde observation date de 2001. Là encore, deux groupes d'une douzaine de dauphins mâles entouraient le corps sans vie d'un jeune dauphin à une distance d'environ quinze mètres, le corps étant au centre. Ils tournent lentement autour du cadavre en émettant des sifflements intenses et des gémissements. Tous les dauphins défilent devant le corps, les uns après les autres. Au bout d'un moment, certains membres du groupe présentent bizarrement une érection. Ce n'est pas tout. Quand d'autres dauphins s'approchent de la dépouille, les mâles en érection les chassent, seuls les « veilleurs » au pénis dressé restent auprès du corps. Pour les chercheurs japonais, l'érection pénienne, dans ce contexte, s'apparenterait à un geste de désignation. « Les dauphins se montreraient mutuellement le cadavre et feraient à son propos des commentaires circonstanciés [...]. L'autopsie a révélé que ce juvénile était mort noyé. Ses poumons étaient donc pleins d'eau et sans doute est-ce cela que les dauphins commentaient abondamment. » L'article rappelle en conclusion que des rites funéraires comparables ont été observés chez les baleines à bosse et chez les éléphants.

En prenant toutes les précautions souhaitables, il ressort au moins une chose : chez ces animaux, la mort d'un des leurs n'est pas un événement anodin. C'est une circonstance spéciale, qui implique un rituel comportemental spécifique du groupe survivant. Peut-on aller plus loin dans l'interprétation ? Parler d'une « cérémonie funéraire » ? C'est tentant, c'est vrai, mais cela reviendrait à délier notre imagination qui, elle, peut tout. Pour ma part, au risque de décevoir quelques attentes, j'en resterai sagement là.

Les suicides

J'ai évoqué, dans le chapitre sur la fidélité, le cas de Bobby, le petit Skye terrier qui a fini par mourir sur la tombe de son maître. S'est-il laissé mourir, terrassé de chagrin ? Les journaux à gros tirages regorgent d'histoires de chiens ou de chats incapables de survivre à la disparition de leurs maîtres. Cela flatte certainement notre amour-propre, mais attention là encore aux mythes romantiques ! N'oublions pas que les chiens sont, à l'origine, des animaux de meute, comme les loups dont ils descendent. Toute meute a son chef, auquel on obéit aveuglément. Pour un loup subordonné, le chef est la source de tous ses repères : de sa place dans la hiérarchie, de ce qui lui est permis, de ce qui est interdit, etc. Dans le cas des animaux domestiques, le maître est souvent (pas toujours) la figure qui incarne ce chef de meute. Privé de son leader, le chien est le plus souvent désorienté, incapable de savoir où aller. Dans ces conditions, il adopte le comportement d'un chien en proie à l'anxiété : il reste immobile, prostré, attendant un ordre qui ne viendra pas sur la tombe de son maître. Le reste relève de la romance anthropomorphique, de l'histoire d'amour trop belle, hélas, pour être vraie.

Quand on évoque la grande question du suicide chez les animaux, une image vient immédiatement à l'esprit, celle des lemmings. Quelques films documentaires à succès (dont ceux de la compagnie Walt Disney) ont popularisé l'image du « suicide collectif des lemmings ». Qu'en est-il en réalité ? Les lemmings sont des petits rongeurs qui vivent au nord de l'Europe, en Norvège ou dans les régions arctiques. Pour des raisons encore mal élucidées, leur démographie a régulièrement de brusques accès de fièvre, qui les obligent à de grandes migrations. Ces épisodes de surpopulation sont suivis par une chute démographique qui se solde par la mort de milliers d'entre eux, dont on retrouve les cadavres sur les voies migratoires. L'observation, qui est réelle, a donné lieu à des interprétations fantaisistes – dont celle du « suicide » des lemmings qui se sacrifieraient pour donner leur chance au reste de la troupe. En réalité les morts s'expliquent bien mieux par les conditions difficiles de la migration, les bousculades, les noyades, l'épuisement, la faim, etc.

L'idée même de suicide est complexe. Pour commettre un suicide, il faut d'abord avoir une conscience claire de ce qu'est la mort, il faut se trouver aussi dans un état mental de désespérance (dans le cas des dépressions) ou d'exaltation (dans le cas des kamikazes terroristes) tel que le choix du néant devient préférable à la poursuite de la vie. C'est un choix de la pure volonté, pas du tout un choix naturel. Un être vivant ne va pas, spontanément, au suicide. L'ensemble de ces conditions rend très peu probable un éventuel suicide des animaux.

Quant au « suicide » des baleines, le mystère semble aujourd'hui résolu. Certaines années, des centaines de baleines sont retrouvées sur les plages de Terre-Neuve ou d'Australie. Ces morts collectives, soudaines et massives, ont longtemps intrigué les scientifiques. Si l'on écarte la motivation un peu trop humaine du suicide, où est l'explication ? La plus récente invoque les variations du champ magnétique terrestre. On l'imagine souvent comme un bouclier magnétique immuable. C'est un tort. Les astronomes nous ont appris que ce champ fluctue, parfois jusqu'à s'inverser. Le sud magnétique devient alors le nord et inversement (la dernière inversion est survenue il y a 780 000 ans). Sans atteindre cette ampleur, le champ magnétique terrestre fluctue en permanence, de siècle en siècle, voire d'année en année. Or, comme les oiseaux migrateurs ou les tortues de mer, les baleines sont très sensibles aux lignes de ce champ qui leur sert de boussole pour se diriger. En général, les lignes magnétiques longent les côtes, mais pas toujours. Quand les perturbations du champ magnétique les projettent au contraire à l'intérieur des continents, les baleines les suivent avec confiance et finissent par s'échouer. L'hypothèse me paraît recevable, mais ce n'est pas la seule. D'autres explications invoquent des « coups de folie » de la baleine dominante ou des parasites perturbant le système d'orientation des cétacés. Mais rien, là encore, qui suggère l'idée d'un suicide collectif.

J'ai conscience, dans ce chapitre, d'avoir posé plus de questions qu'apporté de réponses. Que voulez-vous, l'honnêteté scientifique est à ce prix. Il m'aurait été très facile d'humaniser les animaux en les faisant regarder la mort comme Hamlet considérait le crâne de Yorick. « Hélas, pauvre Yorick ! Je l'ai connu, Horatio ! C'était un garçon d'une gaieté infinie ; il m'a porté vingt fois sur son dos. Ici pendaient ces lèvres que j'ai baisées cent fois ! Et maintenant, elles me font horreur à regarder. » Comme Hamlet, il est incontestable que les animaux sont troublés par la mort. Mais, là où le prince du Danemark versait dans le vertige métaphysique, il est bien difficile de savoir ce que pensent les animaux. *To be or not to be ?* Telle est la question à laquelle, en l'état de ma documentation, je me garderai bien de répondre !

VI
L'HOMME, UN ANIMAL EN QUÊTE DE BONHEUR

1

La grande coupure

Progressivement, par avancées successives, notre civilisation retrouve le contact avec le monde animal. Après les avoir tenus pour des vivants de seconde zone, nous prenons conscience que les animaux ont une sensibilité, une intelligence qui leur ouvre des droits et nous donne des devoirs envers eux. Je ne reviendrai pas sur le grand débat de l'antispécisme, qui commence enfin à produire ses effets. Nous sommes encore loin du but, il faudra de nombreuses années pour que nos relations avec les animaux se normalisent enfin. Mais je suis optimiste, je sais que nous aboutirons. Ce qui m'intéresse ici, c'est pourquoi nous en sommes arrivés là. Pourquoi cette lutte a-t-elle été nécessaire ?

Quand on y réfléchit, l'homme n'a pas toujours eu ces relations exécrables avec les animaux, dénoncées aujourd'hui par les antispécistes. Ils ne furent pas toujours des bêtes de somme ou de la chair à boucherie, élevées pour être abattues industriellement, dans des conditions qui nous feront honte un jour. Il fut un temps, en effet, où l'homme vivait en bonne harmonie avec le monde animal. Où lui-même, sans avoir besoin de découvrir qu'il partageait plus de quatre-vingt-dix-huit pour cent de son patrimoine génétique avec les grands singes, savait d'instinct qu'ils étaient ses cousins. Ce temps, c'est celui d'avant *la grande coupure.* C'est ainsi que je propose d'appeler la période que les préhistoriens, eux, appellent le Néolithique. Elle s'est amorcée au Proche-Orient, il y a environ neuf mille ans, quand l'homme a commencé à se sédentariser, à pratiquer l'agriculture, à parquer les bêtes dans des enclos, à bâtir les toutes premières civilisations.

Avant la coupure

Avant cette révolution, nos ancêtres *Homo* ont vécu en bonne intelligence avec l'ensemble du monde animal. Je sais parfaitement que rien n'est simple et qu'il faut se garder d'une vision « rousseauiste » des hommes du Paléolithique en les transformant en de bons sauvages, délivrés du péché originel de la civilisation. Nous savons cependant qu'ils évoluaient dans le même milieu que les animaux qui les entouraient, qu'ils les côtoyaient quotidiennement, qu'ils partageaient les mêmes points d'eau. Sans doute les hommes avaient-ils le sentiment d'appartenir à une espèce différente. Mais, sans être naïfs, on peut supposer qu'ils ne s'estimaient ni supérieurs ni inférieurs aux autres espèces animales. Pourquoi l'auraient-ils pensé ? C'étaient des nomades, chasseurs et cueilleurs, mais surtout cueilleurs. Ils se nourrissaient des plantes qu'ils estimaient comestibles et qu'ils choisissaient avec soin, mais aussi de fruits sauvages comme les baies en Europe ou les oranges et les pommes en Asie. Et parce qu'ils étaient omnivores, ils mangeaient la viande des animaux qu'ils chassaient ou qu'ils pêchaient. Les traces que nous en avons semblent montrer que la chasse est une activité assez récente dans l'histoire de l'homme. Disposant d'armes et de projectiles de plus en plus perfectionnés, les *Sapiens* de cette époque s'organisaient en petits groupes aux techniques éprouvées, pour tuer des bisons ou des rennes. Ils ramenaient les carcasses au camp (en général un regroupement de quelques tentes), puis les dépeçaient soigneusement et les partageaient selon des rituels bien définis. Comme les animaux eux-mêmes, ils tuaient pour se nourrir. Mais ils considéraient la chasse comme une nécessité, pas comme un divertissement ou un sport, cela viendra plus tard. L'homme de cette époque respectait les animaux, y compris ceux qu'il mettait à mort. Il les respectait comme on respecte ses voisins. Et même un peu plus.

Qu'est-ce qui me le fait penser ? L'examen des peintures pariétales, comme celles de Lascaux ou de la grotte Chauvet. Sur les parois des grottes, les animaux sont partout. Mais jamais on ne les voit morts, les scènes de chasse sont très rares. Le plus souvent, à Lascaux par exemple, les animaux (des bisons, des chevaux, voire des animaux imaginaires comme des licornes) apparaissent comme des émanations majestueuses des forces de la nature. Le préhistorien Jean Clottes, auteur avec David Lewis-Williams d'une fascinante étude sur *Les Chamanes de la préhistoire*, estime que ces peintures jouaient un rôle central dans les cérémonies sacrées qui se déroulaient, il y a dix ou vingt mille ans, dans le clair-obscur des grottes. On peut les comparer aux vitraux des églises. On y voit des images représentant des scènes de la vie du Christ, facilement identifiables. Sur les parois des grottes, les animaux incarnaient sans doute des personnages divins, inclus dans des récits dont la transmission était exclusivement orale et qui nous resteront à jamais inconnus. Faute de documents écrits, nous ne saurons jamais rien des religions de la préhistoire, mais nous sommes certains d'une chose : les animaux y tenaient certainement une grande place, peut-être la plus haute.

La sédentarisation

Tout change à partir du moment où l'homme se sédentarise, neuf millénaires avant notre ère. Peu à peu, il perd ses liens de fraternité avec le monde animal. Si on voulait jouer les détectives anthropologues, on pourrait observer le changement sur les peintures rupestres. Comparez celles de Lascaux (vers 17 000 av. J.-C.) avec les fresques du Tassili, dans le Sahara algérien (vers 8 000 av. J.-C.). On passe de l'animal sacré, divinisé, à l'animal chassé, percé de flèches, devenu une simple réserve de viande. En se coupant de l'animal, l'homme se coupe aussi de sa propre animalité, de cette vie émotionnelle qu'il avait en partage avec les animaux.

Un anthropologue australien, le docteur Colin Groves, propose à ce sujet une hypothèse originale : c'est le chien qui aurait rendu l'homme humain ! L'association quasi symbiotique de l'homme avec le chien, pour la chasse, aurait provoqué à la longue une « division du travail » au sein du couple homme-chien. L'homme aurait abandonné une partie de sa sensibilité instinctive (auditive, olfactive, etc.) au chien et il aurait développé, à l'inverse, les capacités de raisonnement et d'organisation qui feront de lui un esprit logique, confiant dans la toute-puissance de sa raison. « Nous avons domestiqué les chiens, mais les chiens nous ont domestiqués en faisant de nous des humains », affirme Colin Groves.

Je trouve cette hypothèse très originale. Elle demande à être vérifiée, mais elle décrit bien le mouvement qui s'amorce avec la sédentarisation. Le chien, il y a dix mille ans, a peut-être libéré l'homme, mais à quel prix ! En le libérant – *mais aussi en le privant* – d'une partie de sa vie émotionnelle, instinctuelle. L'homme devient alors capable d'édifier des cités, puis des villes, puis des civilisations où l'animal, parqué dans des enclos, sera tenu pour un être inférieur. Un compagnon dans le meilleur des cas, un gardien de troupeaux, une force d'appoint pour les travaux des champs, une source de nourriture le plus souvent.

Les pionniers de l'antispécisme

Aujourd'hui, nous sommes peut-être en train de vivre un nouveau tournant de la civilisation humaine. Après des millénaires au cours desquels nous avons considéré les animaux comme des êtres inférieurs, les défenseurs des animaux ont fait valoir leur cause.

Les principales étapes de ce combat sont bien connues, ce qui ne veut pas dire que l'affaire est pliée, loin de là. Je ne retiendrai que quelques noms, les principaux qui me semblent avoir marqué l'histoire de la cause animale. À commencer par le philosophe et juriste anglais Jeremy Bentham, au premier tiers du XIXe siècle, inspiré par les idéaux de la révolution française. C'est le fondateur de l'« utilitarisme », cette doctrine bâtie sur un juste calcul des plaisirs et des peines. Les animaux, de ce point de vue, sont logés à la même enseigne que l'humanité, ils essayent de maximiser leurs plaisirs et de minimiser leurs peines. Comme nous, selon Bentham, ce sont des êtres sensibles. Le philosophe anglais assimile l'exploitation animale à l'esclavage des Noirs, ce qui était audacieux pour l'époque. Bentham aimait tant la provocation qu'à sa mort il fut un des premiers à offrir son corps à la science. Et pour ne rien gâter, il fit momifier sa tête !

Darwin frappe un plus grand coup encore en faisant de l'homme lui-même un animal. Quand on voit à quel point, au début du XXIe siècle, la théorie de l'évolution reste un objet de scandale dans les milieux créationnistes aux États-Unis, on imagine son ampleur en 1859, l'année de la publication de *L'Origine des espèces*. Il y a incontestablement un avant et un après Darwin, pour la biologie comme pour la cause animale. J'ai déjà mentionné le nom de Jacob von Uexküll, qui a compris le premier que chaque espèce animale avait sa vision du monde, son *umwelt*. Nous vivons sur la même planète que les animaux, mais nous la voyons à notre manière, les animaux à la leur. Difficile, dans ces conditions, d'établir une hiérarchie entre les êtres vivants.

Le philosophe australien Peter Singer est aujourd'hui la référence principale du combat pour la reconnaissance des droits des animaux. Son livre *La Libération animale*[1], qui date de 1975, est devenu une bible du mouvement antispéciste. Comme ses prédécesseurs, Singer s'insurge contre la tentation de comparer les performances des animaux aux performances humaines, au risque d'en faire d'éternels inférieurs. Selon lui, ce n'est pas l'intelligence, mais la sensibilité qui fait le lien entre tous les êtres humains. À partir de Peter Singer, le combat pour la cause animale tissera des liens avec ceux contre le racisme ou le sexisme, ce sera un combat contre le « spécisme ».

Comme tous les mouvements de libération, le combat antispéciste a ses radicaux, incarnés ici par l'Américain Tom Regan. Celui-ci réclame des droits pour les animaux, mais en durcissant les exigences. Regan est à l'origine du mouvement Vegan qui proscrit, dans notre vie courante, tous les produits issus de l'exploitation animale : vêtements, lait, alimentation carnée, etc. Enfin, dans la perspective où les animaux se verraient attribuer des droits, des juristes et des spécialistes de philosophie politique ont proposé de leur attribuer aussi des statuts adaptés de citoyens. Ainsi, dans leur *Zoopolis*, les Canadiens Sue Donaldson et Will Kymlicka proposent que les animaux domestiques, qui partagent la vie des hommes, se voient attribuer le statut de « concitoyens » tandis que les animaux sauvages formeraient, eux, des « communautés souveraines ».

Le combat antispéciste n'en est pourtant qu'à ses débuts, il prendra autant de temps que la lutte contre

1. Peter Singer, *La Libération animale*, Payot, 2012.

le racisme et le sexisme. Il ne s'agit pas seulement de changer la législation, il faudra aussi modifier en profondeur des mentalités modelées par des millénaires d'exploitation animale. Le regard dévalorisant que l'humanité a porté sur les animaux doit changer. Sur ce point, les antispécistes ont raison. Mais pour être crédibles, les défenseurs de la cause animale doivent se défier – j'ai insisté là-dessus à plusieurs reprises – de la tentation inverse, qui consiste à idéaliser les animaux, à les humaniser à l'excès. Certes, certains grands singes savent faire des outils, comme les premiers hommes. Les anthropologues estiment même aujourd'hui que l'outil est apparu bien avant l'*Homo habilis*, peut-être deux cent ou trois cent mille ans avant[1] ! Ce n'est donc pas le propre de l'homme. Les animaux ont aussi, on l'a vu, une forme de conscience de soi et ils peuvent communiquer autrement que par la parole, par des infrasons par exemple. Ils disposent également de rudiments de culture, des savoirs acquis qu'ils peuvent inculquer à leurs jeunes, de nombreuses observations l'ont prouvé. Mais aucune société animale ne thésaurise l'information au-delà de l'individu. La transmission du savoir passe toujours par un médiateur vivant, de façon directe par l'apprentissage ou de manière indirecte par l'observation. On n'a pas encore découvert de « bibliothèque animale » par exemple, bien que je ne serais pas surpris si on en trouvait une un jour. L'homme se caractérise aussi – pour le meilleur et pour le pire – par sa faculté

1. Voir Robert W. Shumaker, Kristina R. Walkup, et Benjamin B. Beck, *Animal Tool Behavior : The Use and Manufacture of Tools by Animals*, John Hopkins University Press, 2011.

d'élaborer des mythes et des croyances, il a besoin de croire en quelque chose. Même les athées croient au néant ! Je ne trouve pas d'équivalent chez les animaux. Enfin, comme nous l'avons vu, nous ne savons pas s'ils ont une vraie conscience de la mort, même si la recherche, sur ce point aussi, n'est pas close. Je pense que nous n'en savons pas assez pour nous offrir le luxe de « dogmatiser » dans un sens ou dans l'autre, je préfère laisser les questions ouvertes. Mon atout personnel, qui me « visse » les pieds sur terre, c'est d'être un vétérinaire. C'est ce statut qui me permet de respecter les animaux pour ce qu'ils sont, non pour ce qu'on aimerait qu'ils soient. Si vous voulez vous renseigner sur les paysans, allez voir un médecin de campagne, il vous en dira plus que tous les traités écrits par les sociologues ! Car ses patients lui parlent de leurs ennuis de santé, mais aussi de leur vie quotidienne, des relations avec leurs proches, voire de leur intimité. Un vétérinaire, c'est pareil. Il est à l'écoute de ses patients animaux, il les connaît mieux que quiconque, il sait leurs forces et leurs faiblesses. C'est en vivant tout près d'eux, pendant toutes ces années de pratique vétérinaire, que j'ai découvert (ce livre en témoigne) qu'ils pourraient nous inspirer quelques règles du mieux-vivre et nous aider, pourquoi pas, à revenir au temps d'avant la grande coupure ?

2

En retrouvant notre animalité, nous trouverons notre humanité

La sagesse, la vraie ? Elle est au sixième étage. En tout cas, c'est ma conviction. Si, comme je l'espère et comme je le pressens, nous finirons dans un avenir proche par dépasser la frontière que nous avions tracée entre l'humanité et l'animalité, nous ne reviendrons pas pour autant en arrière. En fait, nous irons plus loin. Et plus haut. Nous irons au sixième étage de la pyramide.

Le sixième étage de la pyramide

Je vous avais décrit, parce que je le trouve très éclairant, le modèle de la pyramide de Maslow avec ses cinq étages de besoins. Besoins physiologiques, besoins psychologiques, besoin d'appartenance, besoin d'estime de soi, besoin de réalisation de soi. À chaque étage, nous satisfaisons nos besoins. Mais surgissent alors de nouveaux besoins qui nous obligent à passer à l'étage supérieur.

Des besoins, donc des manques, donc de la souffrance. Puisque j'ai commencé ce livre en parlant de moi, je vous ferai un aveu. Parfois, dans des moments de découragement, j'ai eu le sentiment de manquer à ce qui justifie mon métier de vétérinaire : guérir la souffrance. Celle des animaux, même quand je l'avais calmée, finissait toujours par me renvoyer à la mienne. Sans doute ce que j'ai vu et vécu au Cambodge, dans ma petite enfance, m'a-t-il rendu hypersensible. Ma souffrance n'a pourtant rien d'extraordinaire, c'est l'angoisse de tous les hommes, inséparable de leur manière d'être au monde. Tous, humains et animaux, sommes des corps en état de manque, des corps en souffrance.

La tradition bouddhique, qui part du même constat, indique la voie par où le manque, dû au désir, peut être surmonté pour accéder à ce que nous appelons la béatitude. C'est un état où l'esprit s'est enfin détaché du tourment du désir, où le cycle des réincarnations s'est interrompu pour faire place à un au-delà de la souffrance. J'ai été marqué par cette tradition spirituelle et je le suis encore, elle inspire ma vision personnelle du monde, la conception que je me fais de mon métier, le sens que je donne à ma vie et, au-delà, à l'aventure humaine.

Je laisse les grandes conceptualisations aux professionnels, ils ont le bagage intellectuel que je n'ai pas pour penser mieux que moi, et plus profondément que moi, les grandes lignes de l'avenir. Mais je me donne le droit, avec les moyens et l'expérience que je possède, d'esquisser la manière dont je pressens l'évolution qui se dessine.

Nous réconcilier avec notre animalité

Je pense que notre accès à une humanité délivrée de la souffrance se fera en deux étapes. D'abord, il nous faudra retrouver notre pleine humanité. Nous ne le ferons, je le crois, qu'en nous réconciliant avec notre animalité. Tout au long de son histoire, l'humanité a cherché la sagesse dans des constructions mythiques ou dans des échafaudages conceptuels grandioses. Certains sont admirables et plaident pour ce qu'il y a de meilleur en l'homme. Mais cette quête ambitieuse lui a fait oublier que la vraie sagesse était aussi toute proche, incarnée par cette part du vivant dont il s'était éloigné – je dirais même, comme les psychanalystes, qu'il avait refoulée. Je sais, cela semble aller à rebours de tout ce qu'on nous a appris : un homme éduqué n'est pas un animal, il doit réprimer ses instincts « bestiaux », préférer les lois humaines à la loi de la jungle. Mais si ce livre a un sens, nous comprenons maintenant qu'il y avait là beaucoup de préjugés. L'humanité dont je rêve et qui verra peut-être le jour dans la seconde moitié du XXIe siècle, ne sera pas seulement celle qu'annoncent, avec un tintamarre parfois à la limite du supportable, les porte-voix de la haute technologie, ces « transhumanistes » qui prophétisent le règne de l'homme 2.0, du cyborg biotechnologique. Peut-être sont-ils en partie dans le vrai, mais ils me semblent oublier un pan important de l'évolution : *demain, l'humanité nouvelle aura aussi un supplément d'âme, inspiré par sa complicité retrouvée avec la sagesse des animaux.*

Nous réconcilier avec nos émotions

Comment se manifesteront les changements ? Comment la sagesse des animaux contribuera-t-elle à améliorer notre vie ? De plusieurs façons. D'abord, ils nous aideront à retrouver les chemins perdus de notre intelligence émotionnelle. Nous finirons bien un jour par corriger cette fameuse « erreur de Descartes » (c'est le titre de l'ouvrage le plus connu du neurologue Antonio Damasio[1]), qui nous a fait privilégier, de manière abusive, la part conceptuelle de notre intelligence au détriment de sa part intuitive. Nous aurons tout à y gagner. Il ne s'agit pas de la revanche du sentiment sur la raison, ce serait tellement absurde. La raison a fait de l'homme ce qu'il est, nous n'avons pas à en rougir. Mais une juste appréhension de la réalité ne peut se résumer au placage de représentations figées sur la profusion mouvante des choses. L'humanité que j'appelle de mes vœux disposera d'« antennes » nouvelles qui la rendront plus réceptive aux émotions de leurs prochains, hommes ou animaux. Elle saura, mieux qu'aujourd'hui, jouer de la nécessaire complémentarité entre son intelligence intuitive et son intelligence conceptuelle.

1. Antonio Damasio, *L'Erreur de Descartes*, *op. cit.*

Une humanité plus tolérante

Ensuite, en se réappropriant sa vie émotionnelle, l'humanité accédera inévitablement au partage des émotions. C'est pour moi la seule et vraie voie vers le respect d'autrui et l'apprentissage de la tolérance. J'ai pris au début de ce livre l'exemple de l'homosexualité. Dans un futur proche, les résistances et les tabous qui nous brident encore aujourd'hui paraîtront incompréhensibles, dignes d'un âge de barbarie. Chacun peut avoir ses préférences, nous ne sommes pas tous faits dans le même moule. Mais l'étymologie même du mot « tolérance » – qui vient de *tolerare*, c'est-à-dire « supporter » – exprime bien la nécessité en démocratie, d'accepter, voire de supporter les différences. Les philosophes de l'âge classique traduisaient cette idée en disant qu'il vaut mieux accepter ce qu'on considère être un mal plutôt que risquer de provoquer un mal plus grave encore. On ne peut contester les droits de ceux qui ont une vie sexuelle différente ou une autre couleur de peau, sans risquer de mettre en péril la démocratie elle-même et les fondements de notre vivre-ensemble.

Une humanité non violente

Si nous réussissons à franchir ces premières frontières, nous pouvons espérer que les conflits récurrents qui ont jalonné notre histoire s'en trouveront apaisés. Je ne suis pas un rêveur, je ne crois pas à un futur de Bisounours, où chacun tomberait dans les bras de son voisin. Ou alors si je suis un rêveur, comme disait John Lennon, je ne suis pas le seul ! Je suis lucide, nous sommes ainsi faits que les discussions, voire les conflits, continueront à diviser les hommes. *Polemos*, disait Héraclite, est le père de toute chose. Ne nous en plaignons pas, c'est de la discussion et non des faux consensus que jaillissent les grandes idées.

Mais la méditation de la sagesse animale, avec sa dimension essentielle de la ritualisation symbolique des conflits, devra être prise en compte. Nous n'éviterons peut-être pas les guerres, mais rien ne nous empêche de leur donner un caractère simulé plutôt que d'enterrer des milliers de victimes civiles sous les décombres de leurs habitations. Sur ce plan, les animaux nous ont précédés. Plutôt que de mourir déchirés par les crocs du plus fort, ils préfèrent simuler leur défaite en se couchant sur le dos. Je vais vous dire une chose : nous avons mieux encore, *nous avons le virtuel*. Grâce à l'outil informatique et à l'intelligence artificielle, qui vont faire des bonds de géant dans les décennies à venir, nous pourrions imaginer des guerres virtuelles, des guerres sans victimes qui désigneraient un vainqueur et un vaincu. Quand on y réfléchit, les hommes ont souvent procédé ainsi dans le passé, privilégiant le combat singulier entre deux champions aux affrontements des armées. Plus récemment, la course à la Lune entre les Américains et les Soviétiques, dans les années 1960-1969, avait ce caractère simulé. Plutôt que d'en arriver à l'apocalypse atomique, les deux superpuissances se sont ralliées à l'idée d'une compétition pour envoyer le premier homme sur la Lune. L'ampleur des moyens mis en œuvre dépassait largement le cadre d'une compétition scientifique. C'était bien une guerre, menée avec les moyens lourds d'une guerre. Mais c'était une guerre symbolique, comme les combats ritualisés des animaux. Une guerre que les Américains ont gagnée et que les Soviétiques ont perdue, une troisième guerre mondiale sans victimes. Je n'invente rien, je mets seulement l'accent sur le fait que cette stratégie de la guerre simulée a plutôt réussi aux animaux et que nous ferions bien, à l'avenir, de nous en inspirer.

Une humanité plus fraternelle

L'avenir, tel que j'aimerais le voir, pourra ainsi marier le futur avec le passé, les technologies les plus innovantes avec la sagesse retrouvée de l'animal qui est en nous. Cette évolution colorera aussi nos valeurs morales. Parce que l'humanité privilégiera les solutions non violentes pour la résolution des conflits, elle cherchera les moyens de parvenir à des accords, à s'entraider, à trouver les voies de la réconciliation. L'altruisme, qui caractérise nombre de comportements chez les animaux, s'en trouvera renforcé. Je ne suis pas aveugle, je sais parfaitement que les humains aussi sont capables d'altruisme. Mais chez eux, ce n'est pas un mouvement spontané. Il doit être « poussé », à la force de leur poigne morale, par des personnages exceptionnels. Les grandes figures des religions, les saints, les philosophes ont combattu l'égoïsme spontané des hommes au nom de ces grands principes qu'il faut toujours rappeler parce qu'on les oublie toujours. Beaucoup d'efforts, beaucoup d'imprécations... et un résultat limité.

Je crois que si nous parvenons un jour à prendre modèle sur la sagesse spontanée des animaux, tout pourrait être différent. L'altruisme, la coopération seraient des mouvements inscrits dans la nature même de l'homme, pas des devoir-être ou des impératifs moraux. Je rêve ? C'est possible. Mais imaginez une telle organisation sociale, non dans une fraternité frugale de moines, mais dans l'univers de la très haute technologie qui nous attend. Imaginez les milliards et les milliards de dollars ou d'euros épargnés par l'absence de conflits, par les moyens de défense devenus inutiles, par la coopération entre les nations plutôt que par la compétition, assortie de ses perversions classiques comme les trahisons ou l'espionnage. Imaginez enfin cet afflux de ressources économiques supplémentaires mises au service d'une prospérité sans précédent.

Les nations elles-mêmes tiendront-elles devant cette poussée de l'humanité à former des ensembles coopérants ? Notre démocratie pourrait être repensée à l'heure de ces ensembles-mondes, gérés par une intelligence collective qui ne serait ni celle des termites, ni celle du Big Brother du *1984* de Georges Orwell, mais une organisation collective, sans doute assistée par la puissance de l'intelligence artificielle, qui saurait réconcilier – comme chez certaines fourmis – le mariage du particulier et de l'universel. Les fourmis nous donnant des leçons de démocratie ? Certains, je les vois d'ici, vont manquer de s'étrangler ! Je l'avoue, je m'amuse un peu à les provoquer. Mais ces belles âmes sont les mêmes qui, sur le chapitre de nos relations avec les animaux, ont toujours eu plusieurs trains de retard. Leur vision des fourmis date de leurs ancêtres qui se demandaient doctement si les Indiens d'Amérique ou les esclaves noirs des plantations pouvaient être classés dans l'espèce humaine !

La dernière souffrance

Cette évolution, que je crois nécessaire, ne saura éliminer ce qui nous donne, à nous autres humains, notre caractère particulier. Nous savons, nous, que nous mourrons un jour, que notre temps est compté. Nous vivons dans *l'urgence*. Dès les premières années de notre vie, nous organisons notre temps en fonction du point d'arrivée, qui est le point final. C'est le prix, je l'ai dit, que nous payons pour notre cerveau si complexe qu'il nous permet d'anticiper notre propre mort. Mais cet atout majeur, qui nous a autorisés à nous croire supérieurs à tous les êtres vivants, a généré chez nous une angoisse permanente qui nous éloigne du bonheur. Ne serait-il pas temps de baisser un peu la garde et d'apprendre, au contact des animaux, le secret de la vie conjuguée au présent ?

Je ne sais comment cela se fera. J'imagine seulement que notre changement d'attitude envers les animaux ne restera pas sans réponse de leur part. S'il existe bien une loi universelle dans ce monde, c'est celle de la réciprocité. Je crois fermement que si notre civilisation s'apprête, comme tout le laisse présager, à rendre aux animaux la considération qu'ils méritent, ils finiront à leur tour par nous rendre quelque chose.

Est-ce le regard qu'ils porteront sur nous qui va changer ? Est-ce leur comportement ? Impossible, aujourd'hui, de le deviner. Mais je sais, je sens que cela va arriver. Sans doute ne pourront-ils pas nous guérir de la souffrance, proprement humaine, qui accompagne notre manière d'être au monde. Mais peut-être nous accorderont-ils, au moins de manière symbolique, une part de leur bonheur de vivre dans un présent sans limite. Ils nous prépareront ainsi à l'étape suivante, celle de la montée au sixième étage de la pyramide.

Le sixième étage, enfin

Le sixième étage se situe au-delà de la réalisation de soi, là où il n'y a plus de soi. Tant qu'il y aura un soi, il y aura un besoin. Et le besoin, nous l'avons vu, engendre la souffrance. Au sixième étage de la pyramide, il n'y a plus de besoins à assouvir pour cette bonne raison qu'il n'y a plus de soi à satisfaire. Quand nous serons arrivés à ce stade, la question de la protection des animaux ne sera plus une question, mais une évidence. Nous serons comptables du bien-être de tout le vivant. Protéger la nature ne sera pas une décision individuelle, mais le résultat spontané d'une conversion à l'universel. Nous serons arrivés à ce stade que les bouddhistes appellent l'« Illumination » ou l'« Éveil ». Qu'est-ce que l'Éveil ? Je dirais que c'est une connaissance intuitive de la vraie nature des choses, associée à une compassion sans limites. Je n'irai pas plus loin. Je laisse aux professionnels de la philosophie et à des esprits fins comme celui de Matthieu Ricard le soin de formuler ce que, moi, je me contente d'imaginer. Ce sixième étage, je le vois comme un horizon, l'aboutissement qui donnerait du sens à ma vie et à mon travail. J'ai aussi la conviction que les retrouvailles de l'humanité avec son animalité oubliée (et la sagesse qu'elle porte) seront une étape décisive dans cette marche en avant, qui culminera avec la fin de toute souffrance. C'est en tout cas le but que je me suis fixé, il y a près d'un demi-siècle, quand je voyais mon pays, le Cambodge, en proie à la folie meurtrière des hommes.

Remerciements

Je tiens en premier lieu à remercier tous les animaux que j'ai pu croiser à ce jour. J'ai tellement appris auprès d'eux. Je voulais surtout en profiter pour m'excuser humblement auprès de beaucoup que je n'ai pas réussi à comprendre, à soigner, à sauver. J'ai encore tant de choses à apprendre.

Merci aux éditions Stock et notamment à Sylvie Delassus pour la confiance qu'elle a mise dans ce projet qui, je l'avoue, partait au début un peu dans tous les sens. Roland a su canaliser toutes ces énergies. Oui, ce livre n'aurait jamais vu le jour sans la participation de Roland Portiche. Merci à toi d'avoir accepté l'aventure. Nous avions encore tellement de choses à dire. Ce livre est sincèrement le fruit de ton talent.

Enfin, merci à vous lecteurs respectueux des animaux. Vous l'avez compris, le respect de toutes les vies sur la Terre nous apprend les plus importants des sentiments : le respect de l'autre et l'amour de soi-même. Il ne tient qu'à nous d'être meilleurs qu'hier et de rendre l'existence des personnes qui nous entourent encore plus belle.

Bibliographie

Claude Béata, *Au risque d'aimer*, Odile Jacob, 2013

Oliver Sacks, *L'homme qui prenait sa femme pour un chapeau*, Seuil, 1992

François Beiger, Aurélie Jean, *Autisme et zoothérapie – Communication et apprentissages par la médiation animale*, Dunod, 2010

Marc Bekoff, *Les Émotions des animaux*, Payot et Rivages, 2013

Janine Benyus, *Biomimétisme, quand la nature inspire des innovations durables*, Rue de l'Échiquier, 2016

Guy Lobrichon, Boris Cyrulnik (sous la direction de), *Si les lions pouvaient parler. Essais sur la condition animale*, Gallimard, 1998

Boris Cyrulnik, *L'Ensorcellement du monde*, Odile Jacob, 1997

Karine Lou Matignon (sous la direction de), *Révolutions animales*, Les liens qui libèrent, 2016

Emmanuelle Pouydebat, *L'Intelligence animale*, Odile Jacob, 2017

Matthieu Ricard, *Plaidoyer pour l'altruisme*, NiL, 2013

Matthieu Ricard, *Plaidoyer pour les animaux*, Allary Éditions, 2014
Peter Singer, *La Libération animale*, Payot, 2012
José Sarica, Nassera Zaïd, *Zoothérapie : Le pouvoir thérapeutique des* animaux, Arthaud, 2017
Frans de Waal, *L'Âge de l'empathie. Leçons de la nature pour une société solidaire*, Actes Sud, 2011
Frans de Waal, *Sommes-nous trop bêtes pour comprendre l'intelligence des animaux ?*, Les liens qui libèrent, 2016

Table

III. LES ANIMAUX MÉDECINS

IV. LA SCIENCE DES ANIMAUX

V. LA MÉTAPHYSIQUE DES ANIMAUX

VI. L'HOMME, UN ANIMAL EN QUÊTE DE BONHEUR

Cet ouvrage a été composé
par Nord Compo à Villeneuve-d'Ascq
et achevé d'imprimer en France
par CPI
pour le compte des Éditions Stock
21, rue du Montparnasse, 75006 Paris
en février 2018

Stock s'engage pour l'environnement en réduisant l'empreinte carbone de ses livres Celle de cet exemplaire est de : 400 g éq. CO_2 Rendez-vous sur www.editions-stock-durable.fr

PAPIER À BASE DE FIBRES CERTIFIÉES

Imprimé en France

Dépôt légal : mars 2018
N° d'édition : 02 - N° d'impression : 3027573
39-07-6105/7